Y CHWILIADUR IAITH

Non ap Emlyn

Cyhoeddwyd gyntaf dan nawdd Awdurdod Cymwysterau, Cwricwlwm ac Asesu Cymru yn 2002.

Cyhoeddwyd gan CAA, Prifysgol Aberystwyth, Plas Gogerddan,

Aberystwyth SY23 3EB (www.aber.ac.uk/caa).

ISBN: 1 85644 666 2

Argraffwyd gan Argraffwyr Cambria

NODYN I ATHRAWON

Llawlyfr i ddisgyblion sy'n dysgu'r Gymraeg fel ail iaith yng Nghyfnodau Allweddol 3 a 4 ydy'r *Chwiliadur Iaith*. Gan ei fod wedi ei fwriadu ar gyfer disgyblion ail iaith, mae'n cynnwys y ffurfiau iaith hynny a gyflwynir fel arfer iddynt.

Bwriedir y gyfrol fel cyfeirlyfr, sef llyfr i'w ddefnyddio er mwyn egluro pwynt gramadegol, neu er mwyn cael enghreifftiau o batrymau penodol. Ni fwriedir y llyfr fel adnodd dysgu i'w ddefnyddio ar ei ben ei hun ond dylid ei ddefnyddio ochr yn ochr â'r adnoddau eraill a ddefnyddir i ddysgu'r iaith. Ceir yma batrymau iaith sy'n berthnasol i amryw sefyllfaoedd a themâu ac argymhellir bod athrawon yn addasu'r rhain i'r sefyllfaoedd a'r themâu y maent yn eu hastudio. Trwy wneud hyn, gellir dangos sut y mae modd cario patrymau iaith o'r naill sefyllfa i'r llall.

Gobeithir y bydd *Y Chwiliadur* yn cynorthwyo disgyblion i weld sut y mae'r iaith yn gweithio, gan eu hannog i ddatgblygu eu defnydd ohoni ac i ddweud neu ysgrifennu cymaint â phosibl wrth gyfathrebu yn y Gymraeg. Dyna bwrpas yr adrannau 'Gwneud brawddegau', 'Gofyn cwestiynau', ac 'Ateb cwestiynau'n llawn' a welir hwnt ac yma. Mae modd ehangu llawer ar yr enghreifftiau a geir yn y llyfr hwn, wrth gwrs.

Er mwyn hwyluso'r broses o ddod o hyd i wybodaeth benodol, ceir 'CYNNWYS' sy'n cyfeirio at agweddau gramadegol a drafodir yn y gwahanol unedau. Dilynir hyn gan adran fanylach sy'n cyfeirio at ble yn y llawlyfr y gellir dod o hyd i eiriau neu bwyntiau penodol. Tynnir sylw pellach at y rhain ar ymyl pob tudalen.

NODYN I'R DISGYBL

Pwrpas y llyfr yma ydy rhoi help i chi gyda gramadeg Cymraeg.

Ar ôl dysgu patrwm, byddwch chi'n gallu defnyddio'r patrwm yna mewn llawer o sefyllfaoedd. Er enghraifft, rydych chi'n gallu defnyddio **gan** a **gyda** i siarad am y teulu, i ddisgrifio pobl, pethau a lleoedd, i ddweud beth sy gennych chi, i siarad am salwch ac mewn llawer o idiomau.

Ar ôl dysgu patrwm, defnyddiwch y patrwm yna mewn sefyllfaoedd gwahanol!

The purpose of this book is to help you with Welsh grammar.

After you have learnt a specific pattern, you may use that pattern in many situations. For example, you can use gan *and* gyda *to talk about the family, to describe people, places and things, to talk about what you possess, to discuss illness, and you can use them in many idioms.*

Once you have learnt a pattern, use it in different situations!

CYNNWYS

Ydych chi eisiau gwybod mwy?
Want to know more?

Os ydych chi eisiau gwybod mwy am air neu eiriau arbennig, edrychwch am y gair ac am rif y dudalen yn y rhestr yma. Yna, ewch i'r dudalen yna.

If you want to know more about a particular word or words, look for the word and the page number in the list below. Then, go to that page.

8

Allwedd:

C   y cadarnhaol *the affirmative*

N   y negyddol *the negative*

?   cwestiynau *questions*

🔍   geirfa *vocabulary*

➡ tud.   Ewch i dudalen … *Go to page …*

!   Byddwch yn ofalus! *Be careful!*

eg   enw gwrywaidd *masculine noun*

eb   enw benywaidd *feminine noun*

ll   lluosog *plural*

gwr.   gwrywaidd *masculine*

ben.   benywaidd *feminine*

a b c

Mae'r wyddor Gymraeg ychydig yn wahanol i'r wyddor Saesneg.
The Welsh alphabet is slightly different from the English alphabet.

■ **Yr Wyddor Gymraeg** / *The Welsh alphabet*

yr wyddor

a	b	c	ch	d	dd
e	f	ff	g	ng	h
i	j	l	ll	m	n
o	p	ph	r	rh	s
t	th	u	w	y	

Os ydych chi'n defnyddio'r geiriadur, mae'n bwysig gwybod yr wyddor, e.e.

● Edrychwch am y gair **fforc** yn y geiriadur.
Mae geiriau fel **ficer**, **finegr**, a **fyny** yn dod o flaen y gair **fforc** achos mae **ff** yn dod ar ôl **f** yn yr wyddor.

 Un llythyren ydy **ch, dd, ff, ng, ll, ph, rh, th**.

ch, dd, ff, ng, ll, ph, rh, th

■ **Y Llafariaid** / *The vowels*

llafariaid

a	e	i	o	u	w	y

■ **Y Cytseiniaid** / *The consonants*

cytseiniaid

b	c	ch	d	dd	f	ff	g
ng	h	j	l	ll	m	n	p
ph	r	rh	s	t	th	w	y

 Mae **w** ac **y** yn gallu bod yn llafariaid ac yn gytseiniaid.

 w ac y

geiriadur (eg)	*dictionary*
llythyren, llythrennau (eb)	*letter, -s (of the alphabet)*
o flaen	*before*
yn bwysig	*important*

'r / yr / y

Mae tair ffordd o ddweud *the* yn Gymraeg

There are three ways of expressing 'the' in Welsh.

■ **Sut i ddweud *the* yn Gymraeg**

'r

'r ar ôl llafariad – a, e, i, o, u, w, y	Mae'**r** plant yn hoffi'**r** ysgol. Rydw i eisiau mynd i'**r** caffi.

yr

yr (i) o flaen llafariad (a, e, i, o, u, w, y) (ii) o flaen geiriau sy'n dechrau gyda **h**.	Pwy ydy e? **Yr** athro. Bwytwch **yr** afal. **yr** haf **yr** hydref

y

y ar ôl cytsain ac o flaen cytsain arall	Rydw i'n gweld **y** bachgen. Mae e'n gweithio yn ystod **y** nos.

● Mae treiglad meddal mewn enw benywaidd unigol *(feminine singular noun)* ar ôl y a 'r, e.e.

y / 'r+ enwau benywaidd unigol

merch (eb)	y **f**erch	Mae'r **f**erch yn yr ysgol.
gwers (eb)	y **w**ers	Mae'r **w**ers yn dechrau.

OND dydy enwau sy'n dechrau gyda **ll** a **rh** ddim yn treiglo, e.e.

enwau sy'n dechrau gyda ll a rh

llaw	y llaw	ar y llaw dde / ar y llaw chwith
rhaglen	y rhaglen	Mae'r rhaglen yn dda.

Does dim treiglad meddal mewn enw gwrywaidd unigol ar ôl y ac 'r, e.e.

bachgen (eg)	y bachgen	Mae'r bachgen yn yr ysgol.
disgo (eg)	y disgo	Mae'r disgo'n dechrau.

a/any

Does dim gair am *a / any* yn Gymraeg			
a child	plentyn	*any children*	plant
a teacher	athro / athrawes	*teachers*	athrawon

ar ôl	*after*	ar y llaw dde	*on the right hand side*
o flaen	*in front of*	ar y llaw chwith	*on the left hand side*

a / ac

Mae dwy ffordd o ddweud *and* yn Gymraeg.
There are two ways of expressing 'and' in Welsh.

■ **Sut i ddweud *and* yn Gymraeg:**

a o flaen cytsain	bachgen **a** merch merch **a** bachgen
ac o flaen llafariad	afal **ac** oren oren **ac** afal

■ **ac rydw i ... / ac roedd e ...**

Rydyn ni'n defnyddio **ac** o flaen amser presennol y ferf, e.e.
(**rydw i**, **rwyt ti**, **mae e**, ac ati)

 tud. 15

Rydw i'n mynd i'r dref yfory **ac rydw** i'n mynd i brynu dillad.

Rydyn ni'n defnyddio **ac** o flaen amser amherffaith y ferf hefyd,
e.e. (**roeddwn i**, **roedden ni**, **roedd hi**, ac ati)

 tud. 24

Roedd ffilm ar y teledu neithiwr **ac roedd** hi'n dda.

■ **a + treiglad llaes:**

Mae treiglad llaes ar ôl **a**:

 tud. 14

sglodion a **ph**ysgod
cacen a **th**e
teisen a **ch**offi

■ **a'r**

Os ydyn ni eisiau dweud *and the* yn Gymraeg, rhaid i ni ddweud **a'r**:

yr afal **a'r** oren   y bachgen **a'r** dyn   yr haf **a'r** hydref

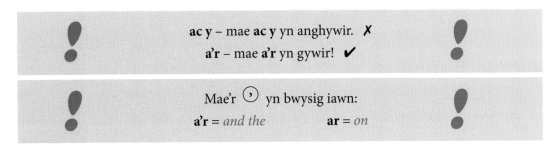

ac y – mae **ac y** yn anghywir. ✗
a'r – mae **a'r** yn gywir! ✔

Mae'r ⟨'⟩ yn bwysig iawn:
a'r = *and the*   **ar** = *on*

a

ac

ac rydw i

ac roeddwn i

a +
treiglad
llaes

a'r

a'r
ar

Y treigladau / *The mutations*

Mae'r treigladau'n bwysig iawn.
The mutations are very important.

 tt.137–43 am ragor o wybodaeth.
(for more information)

Anifeiliaid Andrew

Y TREIGLAD MEDDAL – *THE SOFT MUTATION*					
p	>	b	pwdl	ei bwdl	*his poodle*
t	>	d	tarantwla	ei darantwla	*his tarantula*
c	>	g	cangarŵ	ei gangarŵ	*his kangaroo*
b	>	f	buwch	ei fuwch	*his cow*
d	>	dd	deinosor	ei ddeinosor	*his dinosaur*
g	>	–	gafr	ei afr	*his goat*
ll	>	l	llew	ei lew	*his lion*
m	>	f	mwnci	ei fwnci	*his monkey*
rh	>	r	rhinoseros	ei rinoseros	*his rhinoceros*

Fy fferm i

Y TREIGLAD TRWYNOL – *THE NASAL MUTATION*					
p	>	mh	pwdl	fy mhwdl	*my poodle*
t	>	nh	tarantwla	fy nharantwla	*my tarantula*
c	>	ngh	cangarŵ	fy nghangarŵ	*my kangaroo*
b	>	m	buwch	fy muwch	*my cow*
d	>	n	deinosor	fy neinosor	*my dinosaur*
g	>	ng	gafr	fy ngafr	*my goat*
ll	**DIM NEWID** *NO CHANGE*		llew	fy llew	*my lion*
m			mwnci	fy mwnci	*my monkey*
rh			rhinoseros	fy rhinoseros	*my rhinoceros*

Sw Sue

Y TREIGLAD LLAES – *THE ASPITRATE MUTATION*					
p	>	ph	pwdl	ei phwdl	*her poodle*
t	>	th	tarantwla	ei tharantwla	*her tarantula*
c	>	ch	cangarŵ	ei changarŵ	*her kangaroo*
b	**DIM NEWID** *NO CHANGE*		buwch	ei buwch	*her cow*
d			deinosor	ei deinosor	*her dinosaur*
g			gafr	ei gafr	*her goat*
ll			llew	ei llew	*her lion*
m			mwnci	ei mwnci	*her monkey*
rh			rhinoseros	ei rhinoseros	*her rhinoceros*

Berfau / *Verbs*
Y presennol / *The present*

Defnyddiwch yr amser yma i siarad am beth **rydych chi'n** wneud.
*Use this tense to talk about what **you are** doing.*

rydw i ac ati

C		
Rydw i	I am / I do
Rwyt ti	You are / You do
Mae e / o	He/it is / He/it does
Mae hi	She/it is / She/it does
Mae Jan	Jan is / Jan does
Mae plant	Children are / Children do
Mae'r plant	The children are / The children do
Rydyn ni	We are / We do
Rydych chi	You are / You do
Maen nhw	They are / They do

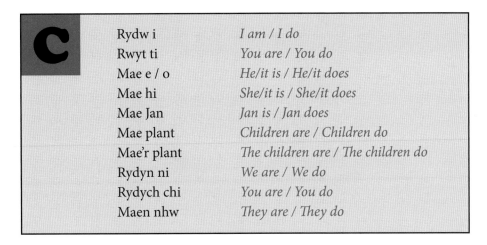

Rwyt ti'n dawnsio'n grêt!

 Gwneud brawddegau

Mae Siân **yn** mynd.
Mae Siân **yn** mynd gyda John.
Mae Siân **yn** mynd gyda John i'r ddawns.
Mae Siân **yn** mynd gyda John i'r ddawns yn y dref.
Mae Siân **yn** mynd gyda John i'r ddawns yn y dref nos Sadwrn.

Maen nhw**'n** bwyta.
Maen nhw**'n** bwyta cinio ysgol.
Maen nhw**'n** bwyta cinio ysgol yn yr ystafell fwyta.
Maen nhw**'n** bwyta cinio ysgol yn yr ystafell fwyta am un o'r gloch.

yn

'n

■ 'n ac yn

Rydyn ni'n defnyddio **'n** ar ôl llafariad.

Rydyn ni'n defnyddio **yn** ar ôl cytsain

Rydw i**'n** hoffi darllen.

Mae'r bobl **yn** mwynhau rhedeg.

Rydw i eisiau mynd adref.

EISIAU – dim 'yn / 'n'

Rydw i eisiau mynd.
I want to go.

Maen nhw eisiau chwarae pêl-droed.
They want to play football.

■ ti a chi

Rwyt ti'n edrych yn ... mmm ... wahanol!

ti

Defnyddiwch **ti** gyda

● ffrind
● aelod o'r teulu
● anifail
● rhywun rydych chi'n nabod yn dda
● rhywun yr un oed â chi

chi

Defnyddiwch **chi** gyda

● rhywun arall
● mwy nag un person

Syr!!! Rydych chi ar dân!

aelod o'r teulu (eg)	*a member of the family*
ar dân	*on fire*
nabod	*to know (a person)*
rhywun	*someone*
yn wahanol	*different*

Dydw i ddim	*I am not / I don't*
Dwyt ti ddim	*You are not / You don't*
Dydy e / o ddim	*He/it isn't / He/it doesn't*
Dydy hi ddim	*She/it isn't / She/it doesn't*
Dydy John ddim	*John isn't / John doesn't*
Dydy plant ddim	*Children aren't / Children don't*
Dydy'r plant ddim	*The children aren't / The children don't*
Dydyn ni ddim	*We aren't / We don't*
Dydych chi ddim	*You aren't / You don't*
Dydyn nhw ddim	*They aren't / They don't*

Ond dydw i ddim yn hoffi mynd i'r ysgol!

Gwneud brawddegau

Dydy e ddim **yn** hoffi	mynd.		
Dydy e ddim **yn** hoffi	mynd	i'r ysgol.	
Dydy e ddim **yn** hoffi	mynd	i'r ysgol	bob dydd.

Dwyt ti ddim **yn** aros.			
Dwyt ti ddim **yn** aros	yn y tŷ.		
Dwyt ti ddim **yn** aros	yn y ty	trwy'r dydd.	

aros	*to stay*	trwy'r dydd	*all day*
bob dydd	*every day*		

?			*Yes*	*No*
Ydw i?	*Am I? / Do I?*		**Ydw** *(Yes, I)*	**Nac ydw** *(No, I)*
Wyt ti?	*Are you? / Do you?*		**Wyt** *(Yes, you)*	**Nac wyt** *(No, you)*
Ydy e / o?	*Is he/it? Does he/it?*		**Ydy** *(Yes, he / it)*	**Nac ydy** *(No, he / it)*
Ydy hi?	*Is she/it? Does she/it?*		**Ydy** *(Yes, she / it)*	**Nac ydy** *(No, she / it)*
Ydy Jan?	*Is Jan? / Does Jan?*		**Ydy** *(Yes, she)*	**Nac ydy** *(No, she)*
Ydy plant?	*Are children? / Do children?*		**Ydyn** *(Yes, they)*	**Nac ydyn** *(No, they)*
Ydy'r plant?	*Are **the** children? / Do **the** children?*		**Ydyn** *(Yes, they)*	**Nac ydyn** *(No, they)*
Ydyn ni?	*Are we? / Do we?*		**Ydyn** *(Yes, we)*	**Nac ydyn** *(No, we)*
Ydych chi?	*Are you? / Do you?*		**Ydych** *(Yes, you)*	**Nac ydych** *(No, you)*
Ydyn nhw?	*Are they? / Do they?*		**Ydyn** *(Yes, they)*	**Nac ydyn** *(No, they)*

Gofyn cwestiynau

Ydy Anne **yn** siarad?
Ydy Anne **yn** siarad   Cymraeg?
Ydy Anne **yn** siarad   Cymraeg   bob dydd?
Ydy Anne **yn** siarad   Cymraeg   bob dydd   yn yr ysgol?

Ydych chi'n hoffi pêl-droed?

Ydyn.

Ydych chi'n hoffi pêl-droed?

Nac ydw.

Ateb cwestiynau'n llawn

I ateb cwestiwn yn llawn, defnyddiwch y patrwm yma:

y gair am *yes* neu *no* + y ferf (+ mwy o wybodaeth)

?	*Yes / No*	**y ferf**	**mwy o wybodaeth**
Wyt ti'n mynd allan heno?	Ydw	rydw i'n mynd.	
	Nac ydw	dydw i ddim yn mynd.	
	Ydw	rydw i'n mynd	i'r ddawns heno.
	Nac ydw	dydw i ddim yn mynd	i'r ddawns heno.

?	*Yes / No*	**y ferf**	**mwy o wybodaeth**
Ydyn nhw'n chwarae yfory?	Ydyn	maen nhw'n chwarae.	
	Nac ydyn	dydyn nhw ddim yn chwarae.	
	Ydyn	maen nhw'n chwarae	hoci.
	Nac ydyn	dydyn nhw ddim yn chwarae	yfory.

o gwbl	*at all*	yn fawr	*very much*

Y perffaith / *The perfect*

I siarad am beth rydych chi **wedi** wneud, defnyddiwch **WEDI** yn lle **yn** / **'n** gyda'r presennol.

*To talk about what you **have** done use **WEDI**, instead of **yn** / **'n** with the present.*

➡ tt. 15–9

| Y presennol **YN** | > | Y perffaith **WEDI** |

yn > wedi

C

Mae Paul **yn** ysgrifennu.
Paul is writing.
Rydych chi**'n** siarad.
You are speaking.
Maen nhw**'n** gwrando.
They are listening.

>

Mae Paul **wedi** ysgrifennu.
Paul has written.
Rydych chi **wedi** siarad.
You have spoken.
Maen nhw **wedi** gwrando.
They have listened.

mae ... wedi

ac ati

Rydyn ni**'n** loncian.

Rydyn ni **wedi** loncian.

N

Dydy Paul ddim **yn** ysgrifennu.
Paul is not writing.
Dydych chi ddim **yn** siarad.
You are not speaking.
Dydyn nhw ddim **yn** gwrando.
They are not listening.

>

Dydy Paul ddim **wedi** ysgrifennu.
Paul has not written.
Dydych chi ddim **wedi** siarad.
You have not spoken.
Dydyn nhw ddim **wedi** gwrando.
They have not listened.

**dydy ...
ddim wedi**

ac ati

Ydy Paul **yn** ysgrifennu?	Ydy Paul **wedi** ysgrifennu?
Is Paul writing?	*Has Paul written?*
Ydych chi**'n** siarad?	Ydych chi **wedi** siarad?
Are you speaking?	*Have you spoken?*
Ydyn nhw**'n** gwrando?	Ydyn nhw **wedi** gwrando?
Are they listening?	*Have they listened?*

Ydych chi wedi gwneud y gwaith cartref?

Nac ydw, dydw i ddim wedi gwneud y gwaith cartref.

Ydw, rydw i wedi gwneud y gwaith cartref — wrth gwrs!

Ateb cwestiynau'n llawn

I ateb cwestiwn yn llawn, defnyddiwch y patrwm yma:

y gair am *yes* neu *no* + y ferf (+ mwy o wybodaeth)

?	*Yes / No*	y ferf	mwy o wybodaeth
Ydy Paul wedi ysgrifennu?	Ydy	mae e wedi ysgrifennu.	
	Nac ydy	dydy e ddim wedi ysgrifennu.	
	Ydy	mae e wedi ysgrifennu	stori hir.
	Nac ydy	dydy e ddim wedi ysgrifennu	un gair.

gair	*word*	hir	*long*

■ **wedi bod** *has been / have been*

Defnyddiwch y patrwm ar dudalennau 15–9 ond ychwanegwch **wedi bod**.

Rydw i wedi bod	*I have been*
Mae Jan wedi bod	*Jan has been*
Rydyn ni wedi bod	*We have been*

Gwneud brawddegau

Rydw i wedi bod **yn** siarad.			
Rydw i wedi bod **yn** siarad	Ffrangeg.		
Rydw i wedi bod **yn** siarad	Ffrangeg	yn yr ysgol.	
Rydw i wedi bod **yn** siarad	Ffrangeg	yn yr ysgol	heddiw.

Rydw i wedi bod yn chwarae rygbi!

Dydw i ddim wedi bod	*I haven't been*
Dydy Jan ddim wedi bod	*Jan hasn't been*
Dydyn ni ddim wedi bod	*We haven't been*

Gwneud brawddegau

Dydw i ddim wedi bod **yn** chwarae.			
Dydw i ddim wedi bod **yn** chwarae	tennis.		
Dydw i ddim wedi bod **yn** chwarae	tennis	yn yr ysgol.	
Dydw i ddim wedi bod **yn** chwarae	tennis	yn yr ysgol	heddiw.

Dydw i ddim wedi bod yn gweld y ffilm eto.

Na fi.

Ydw i wedi bod?	*Have I been?*
Ydy Jan wedi bod?	*Has Jan been?*
Ydyn ni wedi bod?	*Have we been?*

Gofyn cwestiynau

Wyt ti wedi bod **yn** siopa?			
Wyt ti wedi bod **yn** siopa	am ddillad?		
Wyt ti wedi bod **yn** siopa	am ddillad	i'r parti?	
Wyt ti wedi bod **yn** siopa	am ddillad	i'r parti	nos Sadwrn?

| creision | *crisps* |
| gweithio'n galed | *to work hard* |

23

Yr amherffaith / *The imperfect*

Defnyddiwch yr amser yma i siarad am beth **roeddech chi'n** wneud.

*Use this tense to talk about that **you were** doing.*

C		
Roeddwn i	*I was*	
Roeddet ti	*You were*	
Roedd e / o	*He / it was*	
Roedd hi	*She / it was*	
Roedd Rhian	*Rhian was*	
Roedd y plant	*The children were*	
Roedden ni	*We were*	
Roeddech chi	*You were*	
Roedden nhw	*They were*	

C   Gwneud brawddegau

Roedden ni'**n** bwyta.				
Roedden ni'**n** bwyta	bwyd India.			
Roedden ni'**n** bwyta	bwyd India	yn y parti.		
Roedden ni'**n** bwyta	bwyd India	yn y parti	yn y clwb.	
Roedden ni'**n** bwyta	bwyd India	yn y parti	yn y clwb	neithiwr.

 EISIAU – dim 'yn / 'n'

Roeddwn i eisiau mynd adre.   Roedd hi eisiau dawnsio gyda fi.
I wanted to go home.   *She wanted to dance with me.*
(lit. I was wanting to go.)   *(lit. She was wanting to dance with me.)*

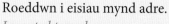

Doeddwn i ddim	*I was not*
Doeddet ti ddim	*You weren't*
Doedd e / o ddim	*He / it wasn't*
Doedd hi ddim	*She / it wasn't*
Doedd Peter ddim	*Peter wasn't*
Doedd y plant ddim	*The children weren't*
Doedden ni ddim	*We weren't*
Doeddech chi ddim	*You weren't*
Doedden nhw ddim	*They weren't*

 Gwneud brawddegau

Doedd e ddim **yn** dawnsio.
Doedd e ddim **yn** dawnsio gyda Sam.
Doedd e ddim **yn** dawnsio gyda Sam yn y parti.
Doedd e ddim **yn** dawnsio gyda Sam yn y parti yn y gwesty neithiwr.

Doeddwn i ddim yn mwynhau'r parti. Doedd Sam ddim eisiau dawnsio gyda fi. Roedd hi'n dawnsio gyda Jack drwy'r nos.

| drwy'r nos | *all night* |
| mwynhau | *to enjoy* |

❓		Yes		No	
Oeddwn i?	*Was I?*	Oeddwn	*(Yes, I)*	Nac oeddwn	*(No, I)*
Oeddet ti?	*Were you?*	Oeddet	*(Yes, you)*	Nac oeddet	*(No, you)*
Oedd e / o?	*Was he / it?*	Oedd	*(Yes, he / it)*	Nac oedd	*(No, he / it)*
Oedd hi?	*Was she / it?*	Oedd	*(Yes, she / it)*	Nac oedd	*(No, she / it)*
Oedd Jan?	*Was Jan?*	Oedd	*(Yes, she)*	Nac oedd	*(No, she)*
Oedd y plant?	*Were the children?*	Oedden	*(Yes, they)*	Nac oedden	*(No, they)*
Oedden ni?	*Were we?*	Oedden	*(Yes, we)*	Nac oedden	*(No, we)*
Oeddech chi?	*Were you?*	Oeddech	*(Yes, you)*	Nac oeddech	*(No, you)*
Oedden nhw?	*Were they?*	Oedden	*(Yes, they)*	Nac oedden	*(No, they)*

❓ **Gofyn cwestiynau**

Oeddech chi'n mwynhau?				
Oeddech chi'n mwynhau	chwarae?			
Oeddech chi'n mwynhau	chwarae	tennis?		
Oeddech chi'n mwynhau	chwarae	tennis	gyda John?	
Oeddech chi'n mwynhau	chwarae	tennis	gyda John	ddoe?

Oeddet ti'n hoffi'r miwsig?

Oeddwn.

Ateb cwestiynau'n llawn

I ateb cwestiwn yn llawn, defnyddiwch y patrwm yma:

y gair am *yes* neu *no* + y ferf (+ mwy o wybodaeth)

?	Yes / No	y ferf	mwy o wybodaeth
Oeddet ti'n canu?	Oeddwn Nac oeddwn	roeddwn i'n canu doeddwn i ddim yn canu.	yn y grŵp pop.

?	Yes / No	y ferf	mwy o wybodaeth
Oedden nhw'n chwarae?	Oedden Nac oedden	roedden nhw'n chwarae Doedden nhw ddim yn chwarae.	tennis.

oeddwn
roeddwn

nac oeddwn
doeddwn
i ddim
ac ati

27

Y gorberffaith / *The pluperfect*

I siarad am beth **roeddech chi wedi** wneud, defnyddiwch **WEDI** yn lle **yn** gyda **roedd**.

*To talk about what **you had** done use **WEDI**, instead of **yn** with **roedd**.*

tt. 24–7

Yr amherffaith **YN**	>	Y gorberffaith **WEDI**

 C

Roedd Paul **yn** dawnsio.		Roedd Paul **wedi** dawnsio.
Paul was dancing.		*Paul had danced.*
Roedden ni'**n** bwyta.	>	Roedden ni **wedi** bwyta.
We were eating.		*We had eaten.*
Roeddech chi'**n** canu.		Roeddech chi **wedi** canu.
You were singing.		*You had sung.*

Roedd e'**n** gweithio.

Roedd e **wedi** gweithio
(ac roedd e wedi gorffen!)

 N

Doedd Paul ddim **yn** dawnsio.		Doedd Paul ddim **wedi** dawnsio.
Paul was not dancing		*Paul had not danced.*
Doedden ni ddim **yn** bwyta.	>	Doedden ni ddim **wedi** bwyta.
We were not eating.		*We had not eaten.*
Doeddech chi ddim **yn** canu.		Doeddech chi ddim **wedi** canu.
You were not singing.		*You had not sung.*

 ?

Oedd Paul **yn** dawnsio?		Oedd Paul **wedi** dawnsio?
Was Paul dancing?		*Had Paul danced?*
Oedden ni'**n** bwyta?	>	Oedden ni **wedi** bwyta?
Were we eating?		*Had we eaten?*
Oeddech chi'**n** canu?		Oeddech chi **wedi** canu?
Were you singing?		*Had you sung?*

■ wedi bod yn / *had been*

Defnyddiwch y patrwm ar dudalennau 24–7 ond ychwanegwch **wedi bod**.

Roeddwn i wedi bod	*I had been*
Roedden ni wedi bod	*We had been*
Roeddech chi wedi bod	*You had been*

Gwneud brawddegau

Roedd hi wedi bod **yn** siopa.
Roedd hi wedi bod **yn** siopa yn y dref.
Roedd hi wedi bod **yn** siopa yn y dref am ddillad newydd.
Roedd hi wedi bod **yn** siopa yn y dref am ddillad newydd ar gyfer y ddawns.

Doeddwn i ddim wedi bod	*I hadn't been*
Doedden ni ddim wedi bod	*We hadn't been*
Doeddech chi ddim wedi bod	*You hadn't been*

Gwneud brawddegau

Doedden nhw ddim wedi bod **yn** edrych ymlaen.
Doedden nhw ddim wedi bod **yn** edrych ymlaen at y parti.
Doedden nhw ddim wedi bod **yn** edrych ymlaen at y parti gwisg ffansi.

Oeddwn i wedi bod?	*Had I been?*
Oedden ni wedi bod?	*Had we been?*
Oeddech chi wedi bod?	*Had you been?*

Gofyn cwestiynau

Oeddech chi wedi bod **yn** gweithio?
Oeddech chi wedi bod **yn** gweithio 'n galed?
Oeddech chi wedi bod **yn** gweithio 'n galed cyn yr arholiad?
Oeddech chi wedi bod **yn** gweithio 'n galed cyn yr arholiad ddoe?

| arholiad | *examination* |

Y gorffennol cryno /
The short form past tense

Defnyddiwch yr amser yma i siarad am beth **wnaethoch chi**.
*Use this tense to talk about what **you did**.*

C

Cerddais i	*I walked*
Cerddaist ti	*You walked*
Cerddodd e / o	*He / it walked*
Cerddodd hi	*She / it walked*
Cerddodd Tom	*Tom walked*
Cerddodd y bobl ifanc	*The young people walked*
Cerddon ni	*We walked*
Cerddoch chi	*You walked*
Cerddon nhw	*They walked*

Fe neu Mi + y treiglad meddal

Mae rhai pobl yn dweud:

Fe gerddais i, **fe g**erddodd hi, ac ati.

neu

Mi gerddais i, **mi g**erddodd hi, ac ati.

Cofiwch: mae treiglad meddal ar ôl **fe** a **mi**.

C

Gwneud brawddegau

Cerddais i.				
Cerddais i	i'r dref.			
Cerddais i	i'r dref	ddoe.		
Cerddais i	i'r dref	ddoe	gyda John.	
Cerddais i	i'r dref	ddoe	gyda John	achos roedd y bws yn hwyr.

Treiglad llaes

Mae berfau sy'n dechrau yn **p**, **t**, **c** yn treiglo'n llaes yn y negyddol:

Cherddais i ddim	*I didn't walk*
Cherddaist ti ddim	*You didn't walk*
Cherddodd e / o ddim	*He / it didn't walk*
Cherddodd hi ddim	*She / it didn't walk*
Cherddodd Chris ddim	*Chris didn't walk*
Cherddodd Chris a Sam ddim	*Chris and Sam didn't walk*
Cherddodd y bobl ddim	*The people didn't walk*
Cherddon ni ddim	*We didn't walk*
Cherddoch chi ddim	*You didn't walk*
Cherddon nhw ddim	*They didn't walk*

treiglad llaes yn y negyddol: cherddais i ddim
ac ati

Gwneud brawddegau

Cherddon ni ddim.
Cherddon ni ddim i'r dref.
Cherddon ni ddim i'r dref ddoe.
Cherddon ni ddim i'r dref ddoe achos y glaw.

Treiglad meddal

Mae berfau sy'n dechrau yn **b**, **d**, **g**, **ll**, **m**, **rh** yn treiglo'n feddal yn y negyddol:

Fwytais i ddim	*I didn't eat*
Fwytaist ti ddim	*You didn't eat*
Fwytodd e / o ddim	*He / it didn't eat*
Fwytodd hi ddim	*She / it didn't eat*
Fwytodd Chris ddim	*Chris didn't eat*
Fwytodd John a Ben ddim	*John and Ben didn't eat*
Fwytodd y bobl ddim	*The people didn't eat*
Fwyton ni ddim	*We didn't eat*
Fwytoch chi ddim	*You didn't eat*
Fwyton nhw ddim	*They didn't eat*

treiglad meddal yn y negyddol: fwytais i ddim
ac ati

Gwneud brawddegau

Fwytais i ddim.
Fwytais i ddim sglodion.
Fwytais i ddim sglodion i ginio.
Fwytais i ddim sglodion i ginio achos roedden nhw'n ofnadwy.

?	I ofyn cwestiwn: **Treiglad meddal:**		Yes	No
	Fwytais i?	*Did I eat?*	Do	Naddo
	Gerddaist ti?	*Did you walk?*	Do	Naddo
	Redodd e / o?	*Did he / it run?*	Do	Naddo
	Welodd hi?	*Did she / it see*	Do	Naddo
	Glywodd y bachgen?	*Did the boy hear?*	Do	Naddo
	Deithiodd y bechgyn?	*Did the boys travel?*	Do	Naddo
	Brynon ni?	*Did we buy?*	Do	Naddo
	Ddarllenoch chi?	*Did you read?*	Do	Naddo
	Godon nhw?	*Did they get up?*	Do	Naddo

? Gofyn cwestiynau

Ddarllenoch chi?				
Ddarllenoch chi	'r stori?			
Ddarllenoch chi	'r stori	am y gorila?		
Ddarllenoch chi	'r stori	am y gorila	yn y dref?	
Ddarllenoch chi	'r stori	am y gorila	yn y dref	ddydd Sadwrn?

Ateb cwestiynau'n llawn

I ateb cwestiwn yn llawn, defnyddiwch y patrwm yma:

y gair am *yes* neu *no* + y ferf (+ mwy o wybodaeth)

?	Yes / No	y ferf	mwy o wybodaeth
Gerddaist ti i'r dref?	Do	cerddais i i'r dref.	
	Naddo	cherddais i ddim	achos y glaw.
Fwytoch chi ar y trên?	Do	bwyton ni	ffrwythau a siocled.
	Naddo	fwyton ni ddim.	

■ **Sut i ffurfio'r gorffennol cryno**

1. Bôn y ferf + **ais**, **aist**, **odd**, **on**, **och**, **on**

cerdd	cerdd-aist ti	cerddaist ti	*you walked*
cod	cod-odd e	cododd e	*he got up*
dawnsi	dawnsi-on ni	dawnsion ni	*we danced*
dysg	dysg-on nhw	dysgon nhw	*they learnt*
ffoni	ffoni-ais i	ffoniais i	*I phoned*
pryn	pryn-on ni	prynon ni	*we bought*
rhedg	rhed-odd y plentyn	rhedodd y plentyn	*the child ran*
yfd	yf-och chi	yfoch chi	*you drank*

 Gyda berfau **–io** (e.e. dawns**io**, ffon**io**, ac ati)
cadwch yr **i** – **i**ais, **i**aist, **i**odd, **i**on, **i**och, **i**on.

2. Y berfenw + **ais**, **aist**, **odd**, **on**, **och**, **on**

agor	agor-odd hi	agorodd hi	*she opened*
darllen	darllen-ais i	darllenais i	*I read*
dangos	dangos-on nhw	dangoson nhw	*they showed*
eistedd	eistedd-och chi	eisteddoch chi	*you sat*
siarad	siarad-ais i	siaradais i	*I spoke*

■ **Rhai ffurfiau arbennig:**

cau	c**ae**-odd e	caeodd e	*he closed*
cymryd	cym**er**-on ni	cymeron ni	*we took*
cyrraedd	cyr**h**aedd-ais i	cyrhaeddais i	*I arrived*
dal	dali-on ni	dalion ni	*we caught*
dweud	dy**we**d-ais i	dywedais i	*I said*
	dwed-ais i	dwedais i	
gadael	gad**aw**-on ni	gadawon ni	*we left*
gweld	gwel-odd John	gwelodd John	*John saw*
gwrando	gwrand**aw**-ais i	gwrandawais i	*I listened*
meddwl	medd**yli**-ais i	meddyliais i	*I thought*
mwynhau	mwynha-odd hi	mwynhaodd hi	*she enjoyed*
	mwynh**eu**-odd hi	mwynheuodd hi	

bôn (eg)	*stem*	cryno	*concise / short (form)*
berfenw (eg)	*infinitive*	ffurfiau arbennig	*special forms*

**bôn y ferf +
ais
aist**
ac ati

**berfenw +
ais
aist**
ac ati

**ffurfiau
arbennig**

Ffurfiau afreolaidd / *Irregular forms*

CAEL	*TO HAVE*
Ces i	*I had*
Cest ti	*you had*
Cafodd e / o	*he / it had*
Cafodd hi	*she / it had*
Cafodd Sam	*Sam had*
Cafodd y plant	*the children had*
Cawson ni	*we had*
Cawsoch chi	*you had*
Cawson nhw	*they had*

GWNEUD	*TO DO / TO MAKE*
Gwnes i	*I did / I made*
Gwnest ti	*you did / you made*
Gwnaeth e / o	*he/it did / made*
Gwnaeth hi	*she/it did / made*
Gwnaeth Miriam	*Miriam did / made*
Gwnaeth y plant	*the children did / made*
Gwnaethon ni	*we did / made*
Gwnaethoch chi	*you did / made*
Gwnaethon nhw	*they did / made*

DOD	*TO COME*
Des i	*I came*
Dest ti	*you came*
Daeth e / o	*he / it came*
Daeth hi	*she / it came*
Daeth Tom	*Tom came*
Daeth y plant	*the children came*
Daethon ni	*we came*
Daethoch chi	*you came*
Daethon nhw	*they came*

MYND	*TO GO*
Es i	*I went*
Est ti	*you went*
Aeth e / o	*he / it went*
Aeth hi	*she / it went*
Aeth Mari	*Mari went*
Aeth y merched	*the girls went*
Aethon ni	*we went*
Aethoch chi	*you went*
Aethon nhw	*they went*

Sylwch

es i = *I went* **NID** es i ~~mynd~~

ces i = *I had* **NID** ces i ~~cael~~

C   Gwneud brawddegau

Es i.
Es i   i'r dref.
Es i   i'r dref   ar y bws.
Es i   i'r dref   ar y bws   i siopa.
Es i   i'r dref   ar y bws   i siopa   achos roeddwn i eisiau dillad newydd.

- Treiglad llaes gyda **cael**.
- Treiglad meddal gyda **gwneud** a **dod**.

N   Gwneud brawddegau

Ches i ddim.
Ches i ddim   sglodion.

Wnes i ddim   sglodion   i swper.
Wnes i ddim   sglodion   i swper   neithiwr.

- Treiglad meddal gyda **cael**, **gwneud** a **dod**.

?   Gofyn cwestiynau

Wnest ti?
Wnest ti   'r gwaith cartref?
Wnest ti   'r gwaith cartref   Cymraeg?
Wnest ti   'r gwaith cartref   Cymraeg   i Mr Smith?
Wnest ti   'r gwaith cartref   Cymraeg   i Mr Smith   neithiwr?

■ **Gwrthrych y ferf**

Gyda'r ffurf yma, mae treiglad meddal yn digwydd os oes enw yn dilyn yn syth ar ôl:

● enw arall fel **John**, **y gath**, ac ati

● rhagenw fel **i**, **ti**, **e**, **o**, **hi**, **ni**, **chi**, **nhw**.

Daliais **i f**ws.	*I caught a bus.*
Prynodd **John d**ocyn.	*John bought a ticket.*
Clywon **ni f**andiau.	*We heard bands.*
Bwyton **ni g**inio.	*We ate dinner.*
Cymeron **ni d**acsi.	*We took a taxi.*

Daliodd Twm **l**ygoden!

Sylwch: Does dim **y**, **yr**, **'r** (*the*) yn y brawddegau uchod.

Os oes **y** neu **'r** yn dod ar ôl y ferf, rhaid i chi ddilyn y rheolau am dreiglo ar ôl **y** / **'r**.

➡ tud. 12

Daliodd Sam y **ll**ygod i gyd.

gwrthrych	*object*
uchod	*above*

■ **Y negyddol: ddim, mo, mo'r**

● Yn y negyddol, os does dim **'r**, **y**, neu **yr** ar ôl y ffurf gryno – defnyddiwch **ddim**:

Fwytais i **ddim** bwyd yn y parti.
I didn't eat (any) food in the party.

Chlywais i **ddim** disgiau da.
I didn't hear (any) good disks.

● Os oes angen **'r**, **y**, neu **yr** ar ôl y ffurf gryno negyddol – defnyddiwch **mo'r**:

Welais i **mo'r** ferch yn y ddawns.
I didn't see the girl in the dance.

Chlywais i **mo'r** grŵp yn canu.
I didn't hear the group singing.

Cofiwch

y treiglad meddal os oes enw benywaidd unigol yn dilyn **'r**.

tud. 12

● Os oes enw + priflythyren ar ôl y ffurf gryno negyddol – defnyddiwch **mo**:

Welais i **mo** Anne yn y ddawns.
I didn't see Anne in the dance.

Chlywais i **mo** Stereophonics yn canu.
I didn't hear Stereophonics singing.

● Os oes rhagenw ar ôl y ffurf gryno negyddol – mae **mo** yn newid:

Welais i **moni hi** yn y ddawns.
I didn't see her in the dance.

Chlywais i **monyn nhw** yn canu.
I didn't hear them singing.

MO	
mo + fi	mono i
mo + ti	monot ti
mo + fe / fo	mono fe / fo
mo + hi	moni hi
mo + ni	monon ni
mo + chi	monoch chi
mo + nhw	monyn nhw

Y gorffennol – ffurfiau eraill
The past – other forms

■ **Ddaru** – yn y Gogledd   *in North Wales*

ddaru + treiglad meddal

Ddaru mi **g**erdded.	*I walked.*
Ddaru chi **f**ynd.	*You went.*
Ddaru nhw **dd**arllen.	*They read.*
Ddaru Stephen **r**edeg.	*Stephen ran.*

Mi + treiglad meddal

Mae rhai pobl yn dweud:

Mi ddaru mi fynd.

Mi ddaru o weld.

N **ddaru … ddim** (+ dim treiglad)

Ddaru mi ddim cerdded.	*I didn't walk.*
Ddaru chi ddim mynd.	*You didn't go.*
Ddaru nhw ddim darllen.	*They didn't read.*
Ddaru Stephen ddim rhedeg.	*Stephen didn't run.*

? **ddaru + treiglad meddal**

		Yes	No
Ddaru mi **g**erdded?	*Did I walk*		
Ddaru chi **f**ynd?	*Did you go?*		
Ddaru nhw **dd**arllen?	*Did they read?*	DO	NADDO
Ddaru Stephen **r**edeg?	*Did Stephen run?*		

Ddaru ti gerdded adre o Fangor?

Do mi ddaru mi gerdded yr holl ffordd!

yr holl ffordd   *all the way*

■ **Wnes i, Wnest ti,** ac ati yn y De ac mewn rhannau o'r Gogledd

In South Wales and parts of North Wales

berf + treiglad meddal

Wnes i **g**anu.	*I sang.*
Wnest ti **g**anu.	*You sang.*
Wnaeth e / o **g**anu.	*He / it sang.*
Wnaeth hi **g**anu.	*She / it sang.*
Wnaeth Ceri **g**anu.	*Ceri sang.*
Wnaeth y plant **g**anu.	*The children sang.*
Wnaethon ni **g**anu.	*We sang.*
Wnaethoch chi **g**anu.	*You sang.*
Wnaethon nhw **g**anu.	*They sang.*

Fe a **Mi**

Mae rhai pobl yn y De yn dweud:
Fe wnes i fynd, **fe w**naeth e weld.

Mae rhai pobl yn y Gogledd yn dweud:
Mi wnes i fynd, **mi w**naeth o weld.

berf ... ddim (+ dim treiglad)

Wnes i ddim canu.	*I didn't sing.*
Wnest ti ddim canu.	*You didn't sing.*
Wnaeth e / o ddim canu.	*He / it didn't sing.*
Wnaeth hi ddim canu.	*She / it didn't sing.*
Wnaeth Huw ddim canu.	*Huw didn't sing.*
Wnaeth y bobl ddim canu.	*The people didn't sing.*
Wnaethon ni ddim canu.	*We didn't sing.*
Wnaethoch chi ddim canu.	*You didn't sing.*
Wnaethon nhw ddim canu.	*They didn't sing.*

berf + treiglad meddal

		Yes	No
Wnes i **g**anu?	*Did I sing?*		
Wnest ti **g**anu?	*Did you sing?*		
Wnaeth e / o **g**anu?	*Did he / it sing?*		
Wnaeth hi **g**anu?	*Did she / it sing?*		
Wnaeth Alice **g**anu?	*Did Alice sing?*	DO	NADDO
Wnaeth Alice a Jo **g**anu?	*Did Alice and Jo sing?*		
Wnaethon ni **g**anu?	*Did we sing?*		
Wnaethoch chi **g**anu?	*Did you sing?*		
Wnaethon nhw **g**anu?	*Did they sing?*		

wnes i
ac ati

fe

mi

wnes i ddim
ac ati

wnes i?
ac ati

Y dyfodol / *The future*

Defnyddiwch yr amser yma i siarad am
beth **byddwch chi'n** wneud neu am beth **byddwch chi'n** wneud **fel arfer**.

Use this tense to talk about
*what **you will** do or what **you usually** do – on a regular basis.*

C

Bydda i	*I shall*
Byddi di	*You will*
Bydd e / o	*He / it will*
Bydd hi	*She / it will*
Bydd Sam	*Sam will*
Bydd y plant	*The children will*
Byddwn ni	*We shall*
Byddwch chi	*You will*
Byddan nhw	*They will*

Fe neu **Mi** + y treiglad medal

Mae rhai pobl yn dweud:
Fe fydda i'n mynd.

Mae rhai pobl yn dweud:
Mi fydda i'n mynd.

C **Gwneud brawddegau**

Bydda i'**n** mynd.
Bydda i'**n** mynd   i'r ganolfan hamdden.
Bydda i'**n** mynd   i'r ganolfan hamdden   yfory.
Bydda i'**n** mynd   i'r ganolfan hamdden   yfory   os bydd hi'n braf.

Bydda i'n mynd i
Gaerdydd yfory.

canolfan hamdden	*leisure centre*

Fydda i ddim	*I shall not*
Fyddi di ddim	*You will not*
Fydd e / o ddim	*He / it will not*
Fydd hi ddim	*She / it will not*
Fydd Sam ddim	*Sam will not*
Fydd y bobl ddim	*The people will not*
Fyddwn ni ddim	*We shall not*
Fyddwch chi ddim	*You will not*
Fyddan nhw ddim	*They will not*

Gwneud brawddegau

Fydd John ddim **yn** mynd.
Fydd John ddim **yn** mynd i'r disgo.
Fydd John ddim **yn** mynd i'r disgo gyda chi.
Fydd John ddim **yn** mynd i'r disgo gyda chi heno.

		Yes		No	
Fydda i?	*Shall I?*	Bydda	*Yes, I*	Na fydda	*No, I*
Fyddi di?	*Will you?*	Byddi	*Yes, you*	Na fyddi	*No, you*
Fydd e / o?	*Will he / it?*	Bydd	*Yes, he / it*	Na fydd	*No, he / it*
Fydd hi?	*Will she / it?*	Bydd	*Yes, she/ it*	Na fydd	*No, she / it*
Fydd Sam?	*Will Sam?*	Bydd	*Yes, he / she*	Na fydd	*No, he / she*
Fydd y plant?	*Will the children?*	Byddan	*Yes, they*	Na fyddan	*No, they*
Fyddwn ni?	*Will we?*	Byddwn	*Yes, we*	Na fyddwn	*No, we*
Fyddwch chi?	*Will you?*	Byddwch	*Yes, you*	Na fyddwch	*No, you*
Fyddan nhw?	*Will they?*	Byddan	*Yes, they*	Na fyddan	*No, they*

Gofyn cwestiynau

Fyddi di'**n** mynd?			
Fyddi di'**n** mynd	allan?		
Fyddi di'**n** mynd	allan	gyda Sam?	
Fyddi di'**n** mynd	allan	gyda Sam	nos yfory?

Ateb cwestiynau'n llawn

I ateb cwestiwn yn llawn, defnyddiwch y patrwm yma:

y gair am *yes* neu *no* + y ferf (+ mwy o wybodaeth)

Fydd e'n mynd?	Yes / No	y ferf	mwy o wybodaeth
	Bydd	bydd e'n mynd.	
	Na fydd	fydd e ddim yn mynd.	
	Bydd	bydd e'n mynd	i Sbaen.
	Na fydd	fydd e ddim yn mynd	i Sbaen yfory.

42

Yr amodol / *The conditional (1)*

Defnyddiwch yr amser yma i siarad am beth **byddech chi**'n wneud.

*Use this tense to talk about what **you would** do.*

Byddwn i	*I would (be)*
Byddet ti	*You would (be)*
Byddai e / o	*He / it would (be)*
Byddai hi	*She / it would (be)*
Byddai Siôn	*Siôn would (be)*
Byddai'r merched	*The girls would (be)*
Bydden ni	*We would (be)*
Byddech chi	*You would (be)*
Bydden nhw	*They would (be)*

Fe neu **Mi** + y treiglad medal

Mae rhai pobl yn dweud:

Fe fyddwn i'n mynd.

Mae rhai pobl yn dweud:

Mi fyddwn i'n mynd.

Gwneud brawddegau

Bydden nhw**'n** hoffi mynd.			
Bydden nhw**'n** hoffi mynd	i ffwrdd.		
Bydden nhw**'n** hoffi mynd	i ffwrdd	i Sbaen.	
Bydden nhw**'n** hoffi mynd	i ffwrdd	i Sbaen	am wythnos.

Fyddwn i ddim	*I wouldn't (be)*
Fyddet ti ddim	*You wouldn't (be)*
Fyddai e / o ddim	*He / it wouldn't (be)*
Fyddai hi ddim	*She / it wouldn't (be)*
Fyddai Lisa ddim	*Lisa wouldn't (be)*
Fyddai'r bechgyn ddim	*The boys wouldn't (be)*
Fydden ni ddim	*We wouldn't (be)*
Fyddech chi ddim	*You wouldn't (be)*
Fydden nhw ddim	*They wouldn't (be)*

Gwneud brawddegau

Fyddwn i ddim **yn** mynd.			
Fyddwn i ddim **yn** mynd	i'r disgo.		
Fyddwn i ddim **yn** mynd	i'r disgo	gyda Sam.	
Fyddwn i ddim **yn** mynd	i'r disgo	gyda Sam	achos fyddai Lyn ddim yn hapus.

?		Yes		No	
Fyddwn i?	Would I (be)?	Byddwn	Yes, I	Na fyddwn	No, I
Fyddet ti?	Would you (be)?	Byddet	Yes, you	Na fyddet	No, you
Fyddai e / o?	Would he / it (be)?	Byddai	Yes, he / it	Na fyddai	No, he / it
Fyddai hi?	Would she / it (be)?	Byddai	Yes, she / it	Na fyddai	No, she / it
Fyddai Keith?	Would Keith (be)?	Byddai	Yes, he	Na fyddai	No, he
Fyddai'r bobl?	Would the people (be)?	Bydden	Yes, they	Na fydden	No, they
Fydden ni?	Would we (be)?	Bydden	Yes, we	Na fydden	No, we
Fyddech chi?	Would you (be)?	Byddech	Yes, you	Na fyddech	No, you
Fydden nhw?	Would they (be)?	Bydden	Yes, they	Na fydden	No, they

Gofyn cwestiynau

Fyddet ti'n hoffi?				
Fyddet ti'n hoffi	dod?			
Fyddet ti'n hoffi	dod	gyda ni?		
Fyddet ti'n hoffi	dod	gyda ni	i'r dref?	
Fyddet ti'n hoffi	dod	gyda ni	i'r dref	i brynu anrheg i Sam?

Ateb cwestiynau'n llawn

I ateb cwestiwn yn llawn, defnyddiwch y patrwm yma:

y gair am *yes* neu *no* + y ferf (+ mwy o wybodaeth)

?	Yes / No	y ferf	mwy o wybodaeth
Fyddet ti'n hoffi mynd allan?	Byddwn	byddwn i'n hoffi	mynd allan.
	Na fyddwn	fyddwn i ddim yn hoffi	mynd allan nos Sadwrn.

Fyddet ti'n hoffi dod i'r disgo gyda fi nos yfory?

Na fyddwn! Ond byddai Lyn yn hoffi mynd gyda ti.

Yr amodol / *The conditional (2)*

Defnyddiwch yr amser yma i siarad am beth **basech chi**'n wneud.

*Use this tense to talk about what **you would** do.*

Baswn i	*I would (be)*
Baset ti	*You would (be)*
Basai e / o	*He / it would (be)*
Basai hi	*She / it would (be)*
Basai Siôn	*Siôn would (be)*
Basai'r merched	*The girls would (be)*
Basen ni	*We would (be)*
Basech chi	*You would (be)*
Basen nhw	*They would (be)*

Fe neu **Mi** + y treiglad medal

Mae rhai pobl yn dweud:

Fe faswn i'n hoffi.

Mae rhai pobl yn dweud:

Mi faswn i'n hoffi.

Gwneud brawddegau

Basen nhw**'n** hoffi mynd.
Basen nhw**'n** hoffi mynd   i ffwrdd.
Basen nhw**'n** hoffi mynd   i ffwrdd   i Sbaen.
Basen nhw**'n** hoffi mynd   i ffwrdd   i Sbaen   am wythnos.

Faswn i ddim	*I wouldn't (be)*
Faset ti ddim	*You wouldn't (be)*
Fasai e / o ddim	*He / it wouldn't (be)*
Fasai hi ddim	*She / it wouldn't (be)*
Fasai Lisa ddim	*Lisa wouldn't (be)*
Fasai'r bechgyn ddim	*The boys wouldn't (be)*
Fasen ni ddim	*We wouldn't (be)*
Fasech chi ddim	*You wouldn't (be)*
Fasen nhw ddim	*They wouldn't (be)*

Gwneud brawddegau

Faswn i ddim **yn** mynd.
Faswn i ddim **yn** mynd   i'r disgo.
Faswn i ddim **yn** mynd   i'r disgo   gyda Sam.
Faswn i ddim **yn** mynd   i'r disgo   gyda Sam   achos fasai Lyn ddim yn hapus.

baswn i
baset ti
ac ati

fe
mi

faswn i ddim
faset ti ddim
ac ati

?		Yes	No
Faswn i?	*Would I (be)?*	Baswn *Yes, I*	Na faswn *No, I*
Faset ti?	*Would you (be)?*	Baset *Yes, you*	Na faset *No, you*
Fasai e / o?	*Would he / it (be)?*	Basai *Yes, he / it*	Na fasai *No, he / it*
Fasai hi?	*Would she / it (be)?*	Basai *Yes, she / it*	Na fasai *No, she / it*
Fasai Keith?	*Would Keith (be)?*	Basai *Yes, he*	Na fasai *No, he*
Fasai'r bobl?	*Would the people (be)?*	Basen *Yes, they*	Na fasen *No, they*
Fasen ni?	*Would we (be)?*	Basen *Yes, we*	Na fasen *No, we*
Fasech chi?	*Would you (be)?*	Basech *Yes, you*	Na fasech *No, you*
Fasen nhw?	*Would they (be)?*	Basen *Yes, they*	Na fasen *No, they*

Gofyn cwestiynau

Faset ti'**n** hoffi dod?
Faset ti'**n** hoffi dod   gyda ni?
Faset ti'**n** hoffi dod   gyda ni   i'r dref?
Faset ti'**n** hoffi dod   gyda ni   i'r dref   i brynu anrheg i Sam?

Ateb cwestiynau'n llawn

I ateb cwestiwn yn llawn, defnyddiwch y patrwm yma:

y gair am *yes* neu *no* + y ferf (+ mwy o wybodaeth)

?	Yes / No	y ferf	mwy o wybodaeth
Fyddet ti'n hoffi mynd allan?	Baswn	baswn i'n hoffi	mynd allan.
	Na faswn	faswn i ddim yn hoffi	mynd allan nos Sadwrn.

pe   *if*

Rydyn ni'n defnyddio **pe** gyda **byddwn** a **baswn** ac ati yn aml iawn.

Pe byddwn i	*If I were*	Pe baswn i
Pe byddet ti	*If you were*	Pe baset ti
Pe byddai e / o	*If he were*	Pe basai e / o
Pe byddai hi	*If she were*	Pe basai hi
Pe byddai Anne	*If Anne were*	Pe basai Anne
Pe byddai'r plant	*If the children were*	Pe basai'r plant
Pe bydden ni	*If we were*	Pe basen ni
Pe byddech chi	*If you were*	Pe basech chi
Pe bydden nhw	*If they were*	Pe basen nhw

dylwn, gallwn, hoffwn
(I should/ought to, I could, I would like)

C · dylwn

Dylwn i	*I should*
Dylet ti	*You should*
Dylai e / o	*He / it should*
Dylai hi	*She should*
Dylai Rachel	*Rachel should*
Dylai'r bobl	*The people should*
Dylen ni	*We should*
Dylech chi	*You should*
Dylen nhw	*They should*

C · gallwn a hoffwn

Mae **gallwn** a **hoffwn** yn dilyn yr un patrwm â **dylwn**:

- yr un terfyniadau (**wn**, **et**, **ai**, **en**, **ech**, **en**), e.e. gallwn i, hoffet ti;
- does dim **yn** / **'n** gyda'r ffurfiau yma, e.e. gallech chi ddod, hoffech chi fynd;
- mae treiglad meddal ar ôl y ferf, e.e. gallen ni **w**eld, hoffwn i **f**ynd.

C · Gwneud brawddegau

Dylen nhw **f**wyta.
Dylen nhw **f**wyta bwyd iach.
Dylen nhw **f**wyta bwyd iach fel ffrwythau a llysiau.
Dylen nhw **f**wyta bwyd iach fel ffrwythau a llysiau achos maen nhw'n dda i chi.

Hoffwn i **g**ael gwaith.
Hoffwn i **g**ael gwaith mewn siop.
Hoffwn i **g**ael gwaith mewn siop ar ddydd Sadwrn.

Gallet ti **f**ynd.
Gallet ti **f**ynd i'r dref.
Gallet ti **f**ynd i'r dref ar y bws.
Gallet ti **f**ynd i'r dref ar y bws achos mae hi'n bwrw glaw.

dylwn i
ac ati

gallwn i
hoffwn i

dylwn i
hoffwn i
gallwn i
ac ati
+ treiglad meddal

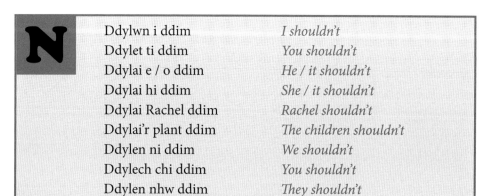

Ddylwn i ddim	*I shouldn't*
Ddylet ti ddim	*You shouldn't*
Ddylai e / o ddim	*He / it shouldn't*
Ddylai hi ddim	*She / it shouldn't*
Ddylai Rachel ddim	*Rachel shouldn't*
Ddylai'r plant ddim	*The children shouldn't*
Ddylen ni ddim	*We shouldn't*
Ddylech chi ddim	*You shouldn't*
Ddylen nhw ddim	*They shouldn't*

gallwn a hoffwn

Mae **gallwn** a **hoffwn** yn dilyn yr un patrwm â **dylwn**:

- mae'r ferf yn treiglo yn y negyddol, e.e. **a**llwn i ddim

- does dim treiglad ar ôl y negyddol, e.e. allen nhw ddim **c**ofio, hoffwn i ddim **m**ynd

Gwneud brawddegau

Ddylech chi ddim **b**wyta.
Ddylech chi ddim **b**wyta gormod o sglodion.
Ddylech chi ddim **b**wyta gormod o sglodion i ginio.
Ddylech chi ddim **b**wyta gormod o sglodion i ginio achos maen nhw'n ddrwg i chi.

Hoffet ti ddim **g**weithio.
Hoffet ti ddim **g**weithio yn y siop.
Hoffet ti ddim **g**weithio yn y siop bob dydd Sadwrn.
Hoffet ti ddim **g**weithio yn y siop bob dydd Sadwrn achos mae e'n waith caled.

Allwn i ddim **b**wyta.
Allwn i ddim **b**wyta malwod.
Allwn i ddim **b**wyta malwod ar dost.
Allwn i ddim **b**wyta malwod ar dost i swper.

Allwn i ddim bwyta malwod pe byddwn i'n llwgu!

gormod	*too many / too much*	malwod (ll)	*snails*
llwgu	*to starve*		

?		Yes		No	
Ddylwn i?	*Should I?*	Dylwn	*Yes, I*	Na ddylwn	*No, I*
Ddylet ti?	*Should you?*	Dylet	*Yes, you*	Na ddylet	*No, you*
Ddylai e / o?	*Should he / it?*	Dylai	*Yes, he / it*	Na ddylai	*No, he / it*
Ddylai hi?	*Should she / it?*	Dylai	*Yes, she / it*	Na ddylai	*No, she / it*
Ddylai Ben?	*Should Ben?*	Dylai	*Yes, he*	Na ddylai	*No, he*
Ddylai'r plant?	*Should the children?*	Dylen	*Yes, they*	Na ddylen	*No, they*
Ddylen ni?	*Should we?*	Dylen	*Yes, we*	Na ddylen	*No, we*
Ddylech chi?	*Should you?*	Dylech	*Yes, you*	Na ddylech	*No, you*
Ddylen nhw?	*Should they?*	Dylen	*Yes, they*	Na ddylen	*No, they*

? gallwn a hoffwn

Mae **gallwn** a **hoffwn** yn dilyn yr un patrwm â **dylwn**:

● mae treiglad meddal yn y cwestiwn, e.e. **allet ti ddod?**

Allech chi helpu heddiw?

Na - dylen ni fynd i'r llyfrgell.

? Gofyn cwestiynau

Ddylai e **dd**al y bws?
Ddylai e **dd**al y bws   i'r dref?
Ddylai e **dd**al y bws   i'r dref   heno?

Hoffech chi **dd**od?
Hoffech chi **dd**od   gyda ni?
Hoffech chi **dd**od   gyda ni   i'r ddawns?
Hoffech chi **dd**od   gyda ni   i'r ddawns   yn y dref   nos yfory?

Allech chi **r**oi?
Allech chi **r**oi   arian?
Allech chi **r**oi   arian   i mi?
Allech chi **r**oi   arian   i mi   i fynd i'r ddawns?
Allech chi **r**oi   arian   i mi   i fynd i'r ddawns   yn y dref?
Allech chi **r**oi   arian   i mi   i fynd i'r ddawns   yn y dref   nos Fercher?

ddylwn i?
dylwn
na ddylwn
ac ati

gallwn
hoffwn

Ateb cwestiynau'n llawn

I ateb cwestiwn yn llawn, defnyddiwch y patrwm yma:

y gair am *yes* neu *no* + y ferf (+ mwy o wybodaeth)

?	*Yes / No*	**y ferf**	**mwy o wybodaeth**
Ddylai John chwarae?	Dylai	dylai John chwarae	yfory.
	Na ddylai	ddylai John ddim chwarae	yfory.

?	*Yes / No*	**y ferf**	**mwy o wybodaeth**
Hoffen nhw fynd?	Hoffen	hoffen nhw fynd	i Ffrainc.
	Na hoffen	hoffen nhw ddim mynd.	

?	*Yes / No*	**y ferf**	**mwy o wybodaeth**
Allet ti goginio?	Gallwn	gallwn i goginio	pysgod a sglodion i swper.
	Na allwn	allwn i ddim coginio	swper heno.

Hoffet ti gael benthyg clip gwallt, Wayne?

Na hoffwn, hoffwn i ddim cael benthyg clip gwallt diolch yn fawr!

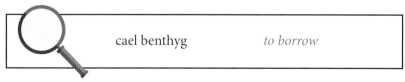

cael benthyg   *to borrow*

Gorchmynion / *Commands*

Defnyddiwch y gorchmynion i ddweud wrth rywun am wneud rhywbeth.
Use the command forms to tell someone to do something.

■ **Sut i ffurfio gorchmynion**

Ffurfiau CHI:

● Ychwanegu **wch** at fôn y ferf:

cerdded	cerdd + wch	**cerddwch**	*walk*
gyrru	gyrr + wch	**gyrrwch**	*drive*
rhedeg	rhed + wch	**rhedwch**	*run*

● Ychwanegu **wch** at y berfenw:

darllen	darllen + wch	**darllenwch**	*read*
edrych	edrych + wch	**edrychwch**	*look*
siarad	siarad + wch	**siaradwch**	*speak*

Ffurfiau TI:

● Ychwanegu **a** at fôn y ferf:

cerdded	cerdd + a	**cerdda**	*walk*
gyrru	gyrr + a	**gyrra**	*drive*
rhedeg	rhed + a	**rheda**	*run*

● Ychwanegu **a** at y berfenw:

darllen	darllen + a	**darllena**	*read*
edrych	edrych + a	**edrycha**	*look*
siarad	siarad + a	**siarada**	*speak*

❗ Gyda berfau **-io** (e.e. cofio, stopio), cadwch yr **i**: **❗**

cofio	cofi + wch	**cofiwch**	*remember*
	cofi + a	**cofia**	
stopio	stopi + wch	**stopiwch**	*stop*
	stopi + a	**stopia**	

chi

bôn y ferf + wch

berfenw + wch

ti

bôn y ferf + a

berfenw + a

■ **Ffurfiau arbennig**

	CHI	TI	
bod	byddwch	bydda / bydd	*be*
cau	caewch	cau / caea	*close*
cymryd	cymerwch	cymer / cymra	*take*
cyrraedd	cyrhaeddwch	cyrhaedda	*arrive*
dod	dewch	dere / tyrd	*come*
dweud	dywedwch /dwedwch	dyweda /dweda	*say*
gadael	gadewch	gadawa	*leave*
gwneud	gwnewch	gwna	*do*
gwrando	gwrandewch	gwrandawa /gwranda	*listen*
meddwl	meddyliwch	meddylia	*think*
mwynhau	mwynhewch	mwynha	*enjoy*
mynd	ewch	cer / dos	*go*

Cofiwch!

	CHI	TI	
dod â / ag	dewch â / ag	dere â / ag tyrd â / ag	*bring*
mynd â / ag	ewch â / ag	dos â / ag cer â / ag	*take*

■ **Gwrthrych y ferf**

Mae treiglad meddal yn digwydd os oes enw'n dilyn yn syth ar ôl gorchymyn

Yfwch **l**aeth.	*Drink milk.*	Yfa **l**aeth.
Bwytwch **f**wyd iach.	*Eat healthy food.*	Bwyta **f**wyd iach.
Prynwch **d**ocyn.	*Buy a ticket.*	Pryna **d**ocyn.
Darllenwch **l**yfr Cymraeg.	*Read a Welsh book*	Darllena **l**yfr Cymraeg

Sylwch

Does dim **y**, **yr**, **'r** (*the*) yn y brawddegau uchod.

Os oes **y** neu **'r** yn dilyn y ferf, rhaid i chi ddilyn y rheolau
am dreiglo enw benywaidd unigol yn feddal ar ôl **y** / **'r**.

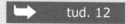 tud. 12

Yfwch y llaeth.	*Drink the milk.*	Yfa'r llaeth.
Darllenwch y llyfr Cymraeg.	*Read the Welsh book.*	Darllena'r llyfr Cymraeg.
Bwytwch y **g**acen.	*Eat the cake.*	Bwyta'r **g**acen.

ffurfiau arbennig	*special forms*

■ **Peidiwch â …** (+ treiglad llaes) / **Paid â …** (+ treiglad llaes)
Peidiwch … / **Paid …**

CHI	TI	
Peidiwch â …	**Paid â …**	
(+ treiglad llaes)	**(+ treiglad llaes)**	
Peidiwch â rhedeg.	Paid â rhedeg.	*Don't run.*
Peidiwch â **ch**erdded	Paid â **ch**erdded	*Don't walk.*
Peidiwch …	**Paid …**	
Peidiwch rhedeg.	Paid rhedeg.	*Don't run*
Peidiwch cerdded.	Paid cerdded.	*Don't walk.*

 Mae **â** yn troi'n **ag** o flaen llafariad, e.e.

Peidiwch **ag y**fed a gyrru.   *Don't drink and drive.*
Paid **ag a**gor y drws.   *Don't open the door.*

Cwestiwn, Cwestiwn, Cwestiwn

Oes ...? Ydy ...? Ydy'r ...?

Mae **oes?** yn holi am rywbeth amhendant – (*a / some*)
Mae **ydy** ac **ydy'r** yn holi am rywbeth pendant.
Oes? *asks about something indefinite (a / some).*
Ydy *and* **ydy'r** *ask about something definite.*

oes?
oes
nac oes

?	Yes	No
Oes disgo heno?	Oes. Oes, mae disgo heno.	Nac oes. Nac oes, does dim disgo heno.
Oes gwersi heddiw?	Oes. Oes, mae gwersi heddiw.	Nac oes. Nac oes, does dim gwersi heddiw.

ydy?
ydy
nac ydy

?	Yes	No
Ydy John yn mynd?	Ydy. Ydy, mae John yn mynd.	Nac ydy. Nac ydy, dydy John ddim yn mynd.
Ydy Sam a Tim yn mynd?	Ydyn. Ydyn, mae Sam a Tim yn mynd.	Nac ydyn. Nac ydyn, dydy Sam a Tim ddim yn mynd.

ydy'r?
ydy
nac ydy
ydyn
nac ydyn

?	Yes	No
Ydy'r ferch yn rhedeg yfory?	Ydy. Ydy, mae hi'n rhedeg yfory.	Nac ydy. Nac ydy, dydy hi ddim yn rhedeg yfory.
Ydy'r merched yn cystadlu?	Ydyn. Ydyn, mae'r merched yn cystadlu. Ydyn, maen nhw'n cystadlu.	Nac ydyn. Nac ydyn, dydy'r merched ddim yn cystadlu. Nac ydyn, dydyn nhw ddim yn cystadlu.

Pwy ydy …? Beth ydy …? Faint ydy …? Pa … ydy …?

Rydyn ni'n gallu defnyddio **pwy? beth? faint? pa?** gydag **ydy** a ffurfiau **cwestiwn** eraill y ferf (e.e. ydych / ydyn).

*We can use **pwy? beth? faint? pa?** with **ydy** and with other question forms of the verb (e.g. ydych / ydyn).*

Pwy? *Who?*			enw (*noun*)
Beth? *What?*			'r / yr / yr + enw
Faint? *How much?*	+	**ydy** **oedd** **fydd**	+	rhagenw (e / hi)
Pa …? *Which …?*			hwn, hon, hyn hwnna, honna, y rheina

● Pwy ydy John? — *Who is John?*
Pwy fydd yr athro newydd? — *Who will the new teacher be?*
Pwy ydy e? — *Who is he?*
Pwy ydy hon? — *Who's this?*

● Beth ydy *hobby* yn Gymraeg? — *What's 'hobby' in Welsh?*
Beth oedd e? — *What was it?*
Beth ydy e? — *What is it?*
Beth ydy hwn? — *What's this one?*

● Faint ydy afalau yn y farchnad? — *How much are apples in the market?*
Faint oedd y bwyd? — *How much was the food?*
Faint fydd e? — *How much will it be?*
Faint fydd hwnna? — *How much will that be?*

● Pa liw ydy mwnci? — *What colour is a monkey?*
Pa un ydy'r dyn? — *Which one is the man?*
Pa un oedd e? — *Which one was he?*
Pa liw ydy'r rheina? — *What colour are those?*

Cofiwch:

Rydyn ni'n gallu defnyddio ffurfiau **cwestiwn** eraill y ferf hefyd, e.e.

Pwy ydych chi? — *Who are you?*
Beth ydyn nhw? — *What are they?*
Faint ydyn nhw? — *How much are they?*
Pa rai oedden nhw? — *Which ones were they?*
Pa liw fyddan nhw? — *What colour will they be?*

pwy?

beth?

faint?

pa?

pwy ydw i?
ac ati

Pwy sy …? Beth sy …? Faint sy …? Pa … sy …?

Rydyn ni'n gallu defnyddio **pwy? beth? faint? pa?** gyda **sy**.
We can use **pwy? beth? faint? pa?** *with* **sy**.

Pwy? *Who?*			+ 'n / yn / wedi + berfenw
Beth? *What?*		**sy** **oedd** **fydd**	yn + ansoddair
Faint? *How much?* *How many?*	+		arddodiad
Pa …? *Which …?*			yma / yna / yno

pwy?

● Pwy sy'n canu? — *Who's singing?*
Pwy oedd yn sâl? — *Who was ill?*
Pwy sy o dan y bwrdd? — *Who is under the table?*
Pwy fydd yno? — *Who will be there?*

beth?

● Beth sy'n cerdded ar y wal? — *What's walking on the wall?*
Beth oedd yn ddu? — *What was black?*
Beth sy ar y bwrdd? — *What's on the table?*
Beth oedd yno? — *What was there?*

faint?

● Faint sy'n mynd? — *How many are going?*
Faint oedd yn llwyddiannus? — *How many were successful?*
Faint oedd ar y llawr? — *How much was there on the floor?*
Faint sy yma? — *How many are here?*

pa?

● Pa un sy wedi torri? — *Which one is broken?*
Pa un oedd yn binc? — *Which one was pink?*
Pa un fydd ar dop y rhestr? — *Which one will be at the top of the list?*
Pa rai oedd yma? — *Which ones were here?*

Ble mae ...? Pryd mae ...? Sut mae ...? Pam mae ...? Gyda phwy mae ...?

Rydyn ni'n defnyddio **mae** a ffurfiau **cwestiwn** eraill y ferf gyda
ble? pryd? sut? pam? a **gyda phwy?** neu **efo pwy?**

We use **mae** *and other* **question** *forms of the verb with*
ble? pryd? sut? pa? *and* **gyda phwy?** *or* **efo pwy?**

Ble? *Where?*		**mae** **roedd** **bydd**
Pryd? *When?*		**+** **ffurfiau eraill** e.e.
Sut? *How?*	**+**	**rydw i** **rwyt ti** **mae e / o / hi** **mae'r plant** **rydyn ni** **rydych chi** **maen nhw**
Pam? *Why?*		
Gyda phwy? **Efo pwy?** *Who with?*		

Sylwch:

Yn aml, bydd pobl yn:

1. gadael yr **r** allan o eiriau fel **rydych**, **roedd** ac ati.

2. treiglo'r gorffennol cryno a'r dyfodol ar ôl geiriau fel **ble**.

- Ble mae John? — *Where's John?*
  Ble mae John yn mynd? — *Where's John going?*
  Ble maen nhw'n aros? — *Where are they staying?*
  Ble roedden nhw'n gwersylla? — *Where were they camping?*
  Ble gweloch chi'r ferch? — *Where did you see the girl?*

- Pryd mae e? — *When is it?*
  Pryd mae'r siop yn agor? — *When is the shop opening*
  Pryd roedd y rhaglen ymlaen? — *When was the programme on?*
  Pryd bydd yr ysgol yn dechrau? — *When will school start?*
  Pryd dechreuodd y wers? — *When did the lesson start?*

- Sut mae e? — *How is he?*
  Sut mae'r plant? — *How are the children?*
  Sut roedden nhw'n mynd? — *How were they going?*
  Sut byddi di'n mynd? — *How will you go?*
  Sut dechreuodd e? — *How did it start?*

- Pam mae Sam yn gwenu? — *Why is Sam smiling?*
  Pam mae hi'n hapus? — *Why is she happy?*
  Pam roedd hi'n gweiddi? — *Why was she shouting?*
  Pam bydd hi'n gadael yn gynnar? — *Why will she be leaving early?*
  Pam cododd hi'n gynnar? — *Why did she get up early?*

- Gyda phwy mae Sam yn mynd? — *With whom is Sam going?*
  Efo pwy byddan nhw'n cerdded? — *With whom will they be walking?*

ble?

pryd?

sut?

pam?

gyda phwy?
efo pwy?

Pwy mae ...? Beth mae ...? Faint mae ...? Pa ... mae ...?

Yn y cwestiynau nesaf, mae gennyn ni ferf sy'n cyfeirio at rywun / rywbeth arall – ac rydych chi eisiau gwybod mwy am y person neu'r peth e.e.

Who does John love? (Mae John yn caru rhywun – ond pwy?)

What is Siân wearing? (Mae Siân yn gwisgo rhywbeth – ond beth?)

In the following questions, the verb refers to someone / something else – and you want to know more about this person or thing, e.g.

Who does John love? (i.e. John loves someone, but who?)

What is Siân wearing? (Siân is wearing something, but what?)

Edrychwch ar batrwm y cwestiynau yma:

Patrwm Saesneg		
gair cwestiwn	**berf + enw neu ragenw**	**gweddill y ferf**
who *what* *which one*	*does he* *is he* *is she*	*love* *reading* *wearing*

Patrwm Cymraeg			
gair cwestiwn	**berf + enw neu ragenw**	**ei*** (sy'n cyfeirio yn ôl at y pwy / beth)	**berfenw** (wedi treiglo)
pwy beth pa un	mae e'n mae e'n mae hi'n	**ei** > treiglad yn y berfenw **ei** > treiglad yn y berfenw **ei** > treiglad yn y berfenw	**g**aru **dd**arllen **w**isgo

ei*

- Mae'r **ei** yn cyfeirio at y person neu'r peth rydych chi'n gofyn amdano.

- Mae treiglad ar ôl **ei**.

- Mae'r treiglad ar ôl **ei** yn dilyn y patrwm arferol, h.y.

  ei – sôn am rywbeth gwrywaidd – treiglad meddal

  ei – sôn am rywbeth benywaidd – treiglad llaes

- Os ydyn ni'n sôn am rywbeth lluosog, rydyn ni'n defnyddio **eu** yn lle **ei**.

  Does dim treiglad ar ôl **eu**, e.e. Pa rai maen nhw'n **eu d**ewis?

  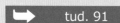 tud. 91

- Yn aml iawn, rydyn ni'n gadael yr **ei** allan, ond mae'r treiglad yn aros.

  Edrychwch ar yr enghreifftiau ar y dudalen nesaf.

pwy?
beth?
pa un?

ei + treiglad yn y berfenw

Saesneg	Cymraeg
Who does she love?	Pwy mae hi'n **g**aru?
What is he reading?	Beth mae e'n **dd**arllen?
Which one is she wearing?	Pa un mae hi'n **w**isgo?

Rydyn ni'n gallu defnyddio ffurfiau **cwestiwn** eraill y ferf gyda'r patrwm yma.

- Pwy rwyt ti'n **w**eld yfory?   *Who are you seeing tomorrow?*   **pwy?**
  Pwy roedden nhw'n **dd**ilyn neithiwr?   *Who were they following last night?*
  Pwy byddwch chi'n **dd**ewis i'r tîm?   *Who will you choose for the team?*

- Beth rwyt ti'n **g**anu?   *What are you singing?*   **beth?**
  Beth roeddet ti'n **w**neud yn y gampfa?   *What were you doing in the gym?*
  Beth fyddwch chi'n **f**wyta heno?   *What will you be eating tonight?*

- Faint rwyt ti wedi **f**wyta?   *How much have you eaten?*   **faint?**
  Faint roedd e'n **g**ostio?   *How much did it cost?*
  Faint byddwch chi'n **b**rynu?   *How much will you be buying?*

- Pa un rydyn ni'n hoffi?   *Which one do we like?*   **pa?**
  Pa fath roeddet ti'n **f**wyta?   *What kind were you eating?*
  Pa liw byddwch chi'n **dd**ewis?   *What colour will you be choosing?*

Enwau / *Nouns*

Mae enw yn cyfeirio at **rywbeth** neu **rywun**, e.e. **dyn**, **teledu**, **tref**, **hapusrwydd**.
*A noun refers to **something** or **someone**, e.g. **man**, **television**, **town**, **happiness**.*

Enwau gwrywaidd ac enwau benywaidd

Mae rhai enwau yn wrywaidd, e.e. brawd, tad, taid, cefnder.

Mae rhai enwau yn fenywaidd, e.e. chwaer, mam, nain, cyfnither.

Mae rhai enwau'n gallu bod yn wrywaidd ac yn fenywaidd hefyd, e.e. munud, cwpan, clust, llygad.

■ **Sut i wybod ydy enw yn wrywaidd neu'n fenywaidd**

Weithiau, mae diwedd gair yn gallu helpu.

Mae llawer o enwau **gwrywaidd** yn gorffen yn:

-yn	e.e. cerdyn, nodyn
-wr	e.e. garddwr, cerddwr, rhedwr
-(i)adur	e.e. cyfrifiadur, holiadur

Mae llawer o enwau **benywaidd** yn gorffen yn:

-en	colomen, llygoden
-wraig	ffermwraig
-(i)aeth	gwybodaeth, gwyddoniaeth
-fa	swyddfa, amgueddfa, meddygfa
-eb	hysbyseb
-es	ysgrifenyddes
-iaith	tafodiaith
-len	amserlen, taflen

 Dydy'r rhain ddim yn help bob amser achos dydy rhai enwau ddim yn dilyn y patrwm, e.e. enwau gwrywaidd ydy
gwasanaeth, hiraeth, gwahaniaeth, pennaeth

amgueddfa (eb)	*museum*	hysbyseb (eb)	*advertisement*
benywaidd	*feminine*	llygoden (eb)	*mouse*
cefnder (eg)	*male cousin*	meddygfa (eb)	*surgery*
colomen (eb)	*pigeon / dove*	taflen (eb)	*sheet (of paper)*
cyfnither (eb)	*female cousin*	tafodiaith (eb)	*dialect*
gwrywaidd	*masculine*		

■ **Pam mae'n bwysig gwybod ydy enw yn wrywaidd neu'n fenywaidd**

● **y / 'r** – mae enwau benywaidd unigol yn treiglo ar ôl **y** ac **'r,** e.e.

merch (eb)	Mae'r **f**erch yn rhedeg.
bachgen (eg)	Mae'r bachgen yn rhedeg

➡ tud. 12

● **ansoddeiriau** – mae ansoddair yn treiglo ar ôl enw benywaidd unigol:

llyfr da   *a good book*   rhaglen **dd**a   *a good programme*

➡ tud. 65

● **rhifo** – rydyn ni'n defnyddio ffurfiau benywaidd gydag enwau benywaidd, e.e.

dau fachgen   **dwy** ferch

➡ tud. 77

● *it* – does dim *it* yn Gymraeg – mae popeth yn **fe / fo** neu'n **hi.**

Os ydy'r enw yn wrywaidd:		*it* = **fe** neu **fo**
Os ydy'r enw yn fenywaidd:		*it* = **hi**

llyfr (eg):	Mae **e**'n dda.	*It's good.*
rhaglen (eb):	Mae **hi**'n dda.	*It's good.*

teledu (eg):	Rydw i'n **ei wylio fe / fo**.	*I watch it.*
rhaglen (eb):	Rydw i'n **ei gwylio hi**.	*I watch it.*

➡ tud. 92

● **ei** = *its*

its (= *his*) – **ei** + treiglad meddal os ydy'r enw yn wrywaidd
its (= *her*) – **ei** + treiglad llaes os ydy'r enw yn fenywaidd

ci (eg)	Mae **ei gôt e**'n frown.	*Its coat is brown.*
cath (eb)	Mae **ei chôt hi**'n frown.	*Its coat is brown.*

➡ tud. 91

● **y tywydd ac ati** – i sôn am y tywydd, yr amser a phellter rhaid defnyddio **hi**, e.e.

Mae **hi**'n braf.	*It's fine.*
Mae **hi**'n un o'r gloch.	*It's one o'clock.*
Mae **hi**'n bell i'r siop.	*It's a long way to the shop.*
	(lit.) It's far to the shop.

enw benywaidd unigol   *singular feminine noun*

**y + enw
benywaidd
unigol**

**enw +
ansoddair**

**dau / dwy +
enw**

it (it's)

its

mae hi'n

Enwau lluosog

Mae'n bosibl gwneud enwau'n lluosog mewn sawl ffordd yn Gymraeg.
Pan fyddwch chi'n dysgu gair newydd, ceisiwch ddysgu'r ffurf luosog hefyd, e.e.

ffenestr, ffenestri (eb)   *window, -s*   drws, drysau (eg)   *door, -s*

**Sut i ffurfio'r
lluosog**

■ **Sut i ffurfio'r lluosog**

1. **Ychwanegu terfyniad:**

-au	**-iau**	**-on**	**-ion**
afalau	clociau	cyfrifiaduron	arwyddion
arholiadau	clustiau	dyddiaduron	disgyblion
brechdanau	crynoddisgiau	holiaduron	dynion
ffrwythau	esgidiau	meddygon	ysgolion
llyfrau	lluniau		

-i	**-oedd**	**-edd**	**-ed**
capeli	ardaloedd	bysedd	merched
cerddi	gwisgoedd	ewinedd	pryfed
corneli	lleoedd	ewythredd	
eglwysi	milltiroedd		
peli	mynyddoedd		
siacedi	silffoedd		
trefi	ystafelloedd		

-od	**-iaid**	**-iadau**	**-ydd**
babanod	amaturiaid	addurniadau	afonydd
camelod	doctoriaid	diolchiadau	bwydydd
cathod	tenantiaid		pontydd
eliffantod			stormydd

-ys*	**-s***
bocsys	fideos
nyrsys	teis
rasys	tractors

*Geiriau o'r Saesneg

lluosog	*plural*
terfyniad, -au (eg)	*ending, -s*
ychwanegu	*to add*

2. **Newid llafariad:**

asgwrn	esgyrn	ffordd	ffyrdd
bardd	beirdd	gwesty	gwestai
car	ceir	iâr	ieir
castell	cestyll	maneg	menig
cyllell	cyllyll	pabell	pebyll
Cymro	Cymry	troed	traed
dafad	defaid	tŷ	tai
fforc	ffyrc		

3. **Newid llafariad ac ychwanegu terfyniad:**

a > e	gardd	gerddi
a > ei	mab	meibion
ai > a	gwraig	gwragedd
ai > ae	Sais	Saeson
ai > ei	ffair	ffeiriau
aw > o	traethawd	traethodau
o > aw	athro	athrawon
w > y	sŵn	synau

4. **Dyblu llythyren ac ychwanegu terfyniad:**

amserlen	amserlenni	llyn	llynnoedd
dant	dannedd	punt	punnoedd, punnau
llen	llenni	tocyn	tocynnau

5. **Newid terfyniad:**

-wr / -iwr > -wyr		-fa > -feydd	
ffermwr	ffermwyr	amgueddfa	amgueddfeydd
gweithiwr	gweithwyr	derbynfa	derbynfeydd
myfyriwr	myfyrwyr	swyddfa	swyddfeydd
teithiwr	teithwyr		

-yn > -au		-en > -od	
blodyn	blodau	cwningen	cwningod

6. **Colli terfyniad:**

coeden	coed
mochyn	moch
pysgodyn	pysgod

7. **Colli terfyniad a newid llafariad:**

aderyn	adar
deilen	dail
dilledyn	dillad

Mae llawer mwy o enghreifftiau yn y llyfr **Cymraeg Da** gan Heini Gruffydd (Gwasg y Lolfa, 2000).

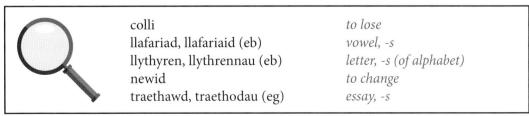

colli	*to lose*
llafariad, llafariaid (eb)	*vowel, -s*
llythyren, llythrennau (eb)	*letter, -s (of alphabet)*
newid	*to change*
traethawd, traethodau (eg)	*essay, -s*

Ansoddeiriau / *Adjectives*

Mae ansoddair yn disgrifio, e.e. tal, bach, da, cyflym.

An adjective describes, e.g. tall, small, good, fast.

Rydych chi'n gallu disgrifio llawer o bethau – pobl, pethau, y tywydd, sut rydych chi'n teimlo, ac ati. Felly, mae ansoddeiriau'n bwysig iawn.

Dyma rai ansoddeiriau

mawr	*big*	bach	*small*
tal	*tall*	byr	*short*
da	*good*	drwg	*bad*
rhagorol / ardderchog	*excellent*	gwael	*poor / bad*
hapus	*happy*	trist	*sad*
hyderus	*confident*	swil	*shy*
hir	*long*	byr	*short*
pell	*far*	agos	*near*
ifanc	*young*	hen	*old*
uchel	*high*	isel	*low*
hardd / prydferth	*beautiful*	hyll	*ugly*
golygus	*handsome*	salw (De Cymru)	*ugly*
poeth	*hot*	oer	*cold*
bendigedig	*marvellous*	ofnadwy	*awful*
glân	*clean*	budr / brwnt	*dirty*
newydd	*new*	hen	*old*
diddorol	*interesting*	diflas	*boring*
llawn	*full*	gwag	*empty*
cyflym	*fast / quick*	araf	*slow*
tawel	*quiet*	swnllyd	*noisy*

Mae geiriau fel **coch**, **glas**, **gwyn**, **melyn**, ac ati yn ansoddeiriau hefyd.

Sut i ddefnyddio ansoddeiriau

1. yn + ansoddair (+ treiglad meddal)

Dyma Simon. Mae e'n ifanc.
Mae e'n **g**ryf ac mae e'n **o**lygus.
Mae gwallt Simon yn **dd**u ac mae
llygaid Simon yn **l**as.
Mae e'n **o**lygus iawn.

 Does dim treiglad os ydy'r ansoddair yn dechrau gyda **ll** neu **rh**

Mae hi'n llawen. Mae fy nghariad i'n rhamantus!
She's jolly. *My girlfriend / boyfriend is romantic!*

2. enw + ansoddair

■ Fel arfer, mae'r ansoddair yn dod ar ôl yr enw, e.e.

Unigol		Lluosog	
brawd mawr	*a big brother*	brodyr mawr	*big brothers*
ci ifanc	*a young dog*	cŵn ifanc	*young dogs*
llyfr diddorol	*an interesting book*	llyfrau diddorol	*interesting books*

■ Os ydy'r ansoddair yn dilyn enw benywaidd unigol, mae **treiglad meddal**:

Unigol		Lluosog	
chwaer **f**awr	*a big sister*	chwiorydd mawr	*big sisters*
cath **dd**u	*a black cat*	cathod du	*black cats*
noson **d**ywyll	*a dark night*	nosweithiau tywyll	*dark nights*

■ Mae gan rai ansoddeiriau ffurfiau benywaidd. Rydyn ni'n defnyddio'r ffurfiau benywaidd mewn rhai ymadroddion, e.e.

stori **f**er	*a short story*
sgarff **f**elen	*a yellow scarf*
côt **w**en	*a white coat*
ffrog **w**erdd	*a green dress*

 Gwneud brawddegau

Mae gen i frawd mawr.
Mae gen i frawd mawr   o'r enw Dave.
Mae gen i frawd mawr   o'r enw Dave   ac mae gen i frawd bach o'r enw Sam.

Mae chwaer fawr gyda fi.
Mae chwaer fawr   o'r enw Chloe   gyda fi.
Mae chwaer fawr   o'r enw Chloe   gyda fi   ond does dim chwaer fach gyda fi.

3. ansoddair + enw

Mae rhai ansoddeiriau'n dod o flaen yr enw.

Os ydy ansoddair yn dod o flaen enw, mae **treiglad meddal** fel arfer, e.e.

cas	*hated / least liked*	cas **b**eth
	Beth ydy'ch cas **b**eth chi?	*What do you hate most?*
		(lit. What is your most hated thing?)
dirprwy	*deputy*	dirprwy **b**ennaeth
	Mae Mam yn **dd**irprwy **b**ennaeth yn yr ysgol.	
	Mum is deputy head at the school.	
hen	*old*	hen **f**eic
	Mae gen i hen **f**eic.	*I've got an old bike.*
hoff	*favourite*	hoff **f**wyd
	Cyrri ydy fy hoff **f**wyd.	*Curry is my favourite food.*
prif	*main, chief*	prif **dd**iddordeb
	Beth ydy'ch prif **dd**iddordeb?	
	What is your main interest?	
unig	*only*	unig **r**aglen
	Dyma'r unig **r**aglen dda ar y teledu.	
	This is the only good programme on the television.	
union	*just / exact*	yr union **f**wyd
	Dyna'r union **f**wyd rydw i'n hoffi.	
	That's just the food that I like.	
	(That's exactly the food that I like.)	

!   **unig**   **!**

Mae hi'n **unig blentyn.**   Mae hi'n **blentyn unig!**
*She's an **only** child.*   *She's a **lonely** child!*

4. **iawn, dros ben, eithaf / eitha, gweddol, rhy**

● Mae **iawn** a **dros ben** yn dod ar ôl ansoddair.

iawn = *very*

> Mae'r tŷ yn hen iawn.
> *The house is very old.*

> Mae tŷ hen iawn yn y dref.
> *There's a very old house in the town.*

Dros ben = *exceptionally*

> Maen nhw'n hyfryd dros ben.
> *They're exceptionally nice.*

> Mae disgyblion hyfryd dros ben yn yr ysgol!
> *There are exceptionally nice pupils in the school!*

● Mae **eithaf / eitha** yn dod o flaen ansoddair.

eithaf / eitha = *quite / rather / fairly*

> Mae'r llyfr yn eithaf diddorol.
> *The book is quite interesting.*

> Rydw i'n darllen llyfr eitha diddorol.
> *I'm reading an interesting book.*

● Mae **gweddol** a **rhy** yn dod o flaen ansoddair.

gweddol (+ treiglad meddal) = *quite / rather / fairly*

> Mae e'n weddol **o**lygus.
> *He's quite handsome.*

rhy (+ treiglad meddal) = *too*

> Mae hi'n rhy **w**lyb.
> *It's too wet.*

Cymharu ansoddeiriau

Mae dwy ffordd o gymharu yn Saesneg ac yn Gymraeg.

Gydag ansoddeiriau hir:

Cymraeg	mor ... â / ag ...	mwy ... na / nag ...	y mwyaf* ...
	mor **dd**iddorol â ...	mwy diddorol na ...	y mwyaf* diddorol ...
Saesneg	*as ... as ...*	*more ... than ...*	*the most ...*
	as interesting as ...	*more interesting than ...*	*the most interesting*

[* Mae'n bosibl gadael **f** allan – **mwya**.]

mor
mwy
mwyaf

mor

mor

Os ydy ansoddair yn dilyn **mor**, mae treiglad meddal fel rheol, e.e.

mor **dd**iddorol; mor **d**al; mor **b**oeth; mor **g**as;

Ond dim gyda **rh** a **ll**, e.e.

mor rhyfedd; mor llawn;

 Does dim YN o flaen MOR.

Mae hi mor hen â Nain.

Mae rhaglenni cwis yn ddiddorol

Mae rhaglenni miwsig mor ddiddorol â rhaglenni cwis.

Mae rhaglenni chwaraeon yn fwy diddorol na rhaglenni cwis a rhaglenni miwsig.

Rhaglenni drama ydy'r mwyaf diddorol.

Gydag ansoddeiriau byr:

Cymraeg	cyn ... ed â / ag ...	... ach na / nag ...	y ...af*
	cyn **d**aled â ...	talach na ...	y talaf
Saesneg	*as ... as ...*	*...(i)er than ...*	*the ...(i)est*
	as tall as ...	*taller than ...*	*the tallest*

[* Mae'n bosibl gadael **f** allan – **tala**, ac ati]

cyn

Os ydy ansoddair yn dilyn **cyn**, mae treiglad meddal, e.e.

cyn **g**oched â gwaed;

cyn **b**elled â'r lleuad.

yn / 'n + treiglad meddal

Os ydy ansoddair yn dilyn **yn**, mae treiglad meddal,
Ond dydy **ll** a **rh** ddim yn treiglo e.e.

Mae fy meic i**'n g**yflymach na dy feic di.

Mae'r dyn yn dal. Mae'r ddynes cyn daled â'r dyn.
Mae'r ferch yn dalach na'r dyn a'r ddynes.
Y bachgen ydy'r talaf.

Ffurfiau afreolaidd

Mae'r ffurfiau yma'n bwysig iawn. Dysgwch nhw!

da *(good)*	cystal â *(as good / well as)*	yn well na *(better than)*	y gorau *(the best)*
drwg *(bad)*	cynddrwg â *(as bad as)*	yn waeth na *(worse than)*	y gwaethaf *(the worst)*
mawr *(big)*	cymaint â mor fawr â *(as big as)*	yn fwy na *(bigger than)*	y mwyaf *(the biggest)*
bach *(small)*	cyn lleied â mor fach â *(as small as)*	yn llai na *(smaller than)*	y lleiaf *(the smallest)*

â / na

■ **â / na**

Mae treiglad llaes ar ol **â** a **na**

Mae e mor wyllt â **th**arw.	*He's as wild as a bull.*
Mae tocyn dwyffordd yn ddrutach na **th**ocyn unffordd.	*A return ticket is more expensive than a single ticket.*
Mae'ch gardd chi'n fwy na **ph**arc!	*Your garden is bigger than a park!*
Mae e'n costio mwy na **ch**an punt.	*It costs more than a hundred pounds.*

â > ag

na > nag

■ **â > ag / na > nag o flaen llafariad**

Mae **â** > **ag** ac mae **na** > **nag** o flaen llafariad.

Mae ei wyneb e mor grwn **ag** afal.	*His face is as round as an apple.*
Mae ei gwallt hi mor llachar **ag** oren.	*Her hair is as bright as an orange.*
Roedd Tim yn waeth **nag** Owain.	*Tim was worse than Owain.*

Dydy fy meic i ddim mor newydd â dy feic di ond mae e'n well na fe.

O na! Fy meic i ydy'r gorau.

Adferfau / *Adverbs*

Mae adferf yn dweud mwy am ferf.
Fel arfer mae'n dweud **sut**, **pryd**, **ble** a **pam** mae rhywbeth yn digwydd.
An adverb modifies a verb.
*Usually it tells us **how**, **when**, **where** and **why** something happens.*

Ffurfio adferfau

Rydyn ni'n gallu troi ansoddair yn adferf.

yn
+
ansoddair

- Rhaid i ni roi **yn** o flaen yr ansoddair.
- Rhaid i ni dreiglo'r ansoddair yn feddal (ond dim **rh** ac **ll**).

yn **g**yflym	*quickly*	yn araf	*slowly*
yn **dd**a	*well*	yn **dd**rwg / yn **w**ael	*badly*
yn hyderus	*confidently*	yn swil	*shyly*
yn **d**awel	*quietly*	yn swnllyd	*noisily*
yn **b**ell	*far*	yn agos	*near*
yn uchel	*high*	yn isel	*low*

■ **Sut**

sut

Mae adferf yn gallu dweud **sut** mae rhywbeth yn digwydd, e.e.

Mae John yn cerdded **yn araf**.
*John walks **slowly**.*

Cerddon nhw i mewn i'r ystafell **yn hyderus**.
*They walked **confidently** into the room.*

Mae'r ferch yn dawnsio**'n ysgafn**.
*The girl dances **nimbly**.*

■ **Pryd**

Mae adferf yn gallu dweud **pryd** mae rhywbeth yn digwydd, e.e.

Mae John yn dod yma **heno**.
*John is coming here **tonight**.*

Mae'r ferch yn cystadlu **yr wythnos nesaf**.
*The girl is competing **next week**.*

Sylwch:	
bob dydd	*every day*
bob nos	*every night*
bob mis	*every month*
bob blwyddyn	*every year*

 tt. 84–5 am fwy o eiriau defnyddiol.

byth ac **erioed**
Mae'r ddau air yma'n golygu *ever* a *never* (gyda'r negyddol).

● Defnyddiwch **byth** gyda'r presennol a'r dyfodol, e.e.

Rydw i eisiau aros yma **am byth**.
*I want to stay here **for ever**.*

Dydw i **byth** eisiau mynd yno.
*I **never** want to go there.*

byth

Does dim eisiau **ddim** gyda **byth**.

● Defnyddiwch **erioed** os ydych chi'n siarad am y gorffennol, e.e.

Ydych chi wedi gweld drama **erioed**?
*Have you **ever** seen a play?*

Dydw i ddim wedi bod i'r theatr **erioed**.
*I've **never** been to the theatre.*

■ **Ble**

Mae adferf yn gallu dweud **ble** mae rhywbeth yn digwydd, e.e.

> Mae e'n dringo **yn uchel yn y mynyddoedd**.
> *He's climbing **high (up) in the mountains**.*
>
> Mae John yn cerdded **o gwmpas y buarth**.
> *John is walking **around the yard**.*

adref a **gartref**

> adref = *homewards, towards home*   gartref = *at home*
>
> Roedd e'n cerdded **adref** yn y glaw.
> *He was walking **(towards) home** in the rain.*
>
> Roeddwn i **gartref** drwy'r nos.
> *I was **(at) home** all night.*

yma ac yna / yno

> **yma** = *here*   **yna / yno** = *there*
>
> Roedd e'n gweithio **yma** drwy'r nos.   Maen nhw eisiau mynd **yno**.
> *He was working **here** all night.*   *They want to go **there**.*

■ **Pam**

Mae adferf yn gallu dweud **pam** mae rhywbeth yn digwydd, e.e.

> Aeth hi ar y bws **achos** y tywydd.
> *She went by bus (lit. on the bus) **because of** the weather.*
>
> Rydw i'n hapus **achos** y gwyliau.
> *I'm happy **because of** the holidays.*

ble

adref
gartref

yma
yna
yno

pam

achos

Rhifau / *Numbers*

Rydyn ni'n defnyddio rhifau i gyfrif, i sôn am **y dyddiad**, **oed**, **rhifau ffôn** ac ati.
*We use numbers to count, to talk about **the date, age, phone numbers,** etc.*

■ Y rhifau Cymraeg:

1–10	11–19	20–90
un	un deg un	dau **dd**eg
dau / dwy	un deg dau	tri deg
tri / tair	un deg tri	pedwar deg
pedwar / pedair	un deg pedwar	pum deg
pump	un deg pump	chwe deg
chwech	un deg chwech	saith deg
saith	un deg saith	wyth deg
wyth	un deg wyth	naw deg
naw	un deg naw	
deg		

100oedd	1000oedd
cant	mil
dau **g**ant	**dwy** **f**il
tri **ch**ant	**tair** mil
pedwar cant	**pedair** mil
pum cant	pum mil
chwe **ch**ant	chwe mil
saith cant	saith mil
wyth cant	wyth mil
naw cant	naw mil
	deg mil

Mil

Mae'r gair **mil** yn fenywaidd.

2,000 = **dwy** **f**il
3,007 = **tair** mil a saith

cyfrif — *to count*

■ **Sut i ddweud rhifau mawr yn Gymraeg:**

	10au	1–10	
15	**un** deg	pump	**un deg pump**
22	dau ddeg	dau	**dau ddeg dau**
45	pedwar deg	pump	**pedwar deg pump**
79	saith deg	naw	**saith deg naw**

	100oedd	10au	1–10	
365	tri chant	chwe deg	pump	**tri chant chwe deg pump**
778	saith cant	saith deg	wyth	**saith cant saith deg wyth**
980	naw cant	wyth deg	–––––	**naw cant wyth deg**

	1000oedd	100oedd	10au	1–10	
2,650	dwy fil	chwe chant	pum deg	–––––	**dwy fil chwe chant pum deg**
7,500	saith mil	pum cant	–––––	–––––	**saith mil pum cant**
9,855	naw mil	wyth cant	pum deg	pump	**naw mil wyth cant pum deg pump**

Sylwch:

101	cant **ac** un
606	chwe chant **a** chwech
809	wyth cant **a** naw
1,006	mil **a** chwech
2,009	dwy fil **a** naw
2,608	dwy fil, chwe chant **ac** wyth

Mae mil, dau gant naw deg dau o ddisgyblion
yn yr ysgol.
Mae pum deg un o athrawon, un pennaeth a
thri dirprwy bennaeth.

■ **Rhifau traddodiadol**

Mae ffordd arall o gyfrif hefyd e.e.

11–20		21–31	
11	un ar ddeg	21	un ar **hugain**
12	deuddeg	22	dau ar **hugain** / dwy ar **hugain**
13	tri ar ddeg / tair ar ddeg	23	tri ar **hugain** / tair ar **hugain**
14	pedwar ar ddeg / pedair ar ddeg	24	pedwar ar **hugain** / pedair ar **hugain**
15	pymtheg	25	pump ar **hugain**
16	un ar bymtheg	26	chwech ar **hugain**
17	dau ar bymtheg / dwy ar bymtheg	27	saith ar **hugain**
18	deunaw	28	wyth ar **hugain**
19	pedwar ar bymtheg / pedair ar bymtheg	29	naw ar **hugain**
20	ugain	30	deg ar **hugain**
		31	un ar ddeg ar **hugain**

Rydyn ni'n defnyddio'r ffordd yma o gyfrif gyda :

● **yr amser**
  e.e.   **ugain** munud wedi **deuddeg**   *twenty past twelve*
         pum munud ar hugain i **un ar ddeg**   *twenty five to eleven*

  ➡ tud. 88

● **oed**
  e.e.   Mae Siwan yn **ddeunaw** (oed).   *Siwan is eighteen (years old).*
         Roedd Jac yn **bymtheg** ddoe.   *Jac was fifteen yesterday.*

  ➡ tud. 82

● **y dyddiad**
  e.e.   y **pymthegfed** o Fai   *the fifteenth of May*
         y **degfed ar hugain** o Fedi   *the thirtieth of September*

  ➡ tud. 81

● **arian**
  e.e.   **ugain** ceiniog   *20p*
  hefyd:
         hanner can ceiniog   *50p*

  ➡ tud. 78

Cyfrif yn Gymraeg
Counting in Welsh

Mae dwy ffordd o gyfrif yn Gymraeg.
There are two ways of counting in Welsh.

Ffordd 1: rhif + enw unigol

Rydyn ni'n defnyddio **Ffordd 1** ar gyfer rhifau **o dan 10** fel arfer.

rhif + enwau gwrywaidd	rhif + enwau benywaidd
un ci	un **g**ath
dau **g**i	dwy **g**ath
tri **ch**i	tair cath
pedwar ci	pedair cath
pum ci	pum cath
chwe **ch**i	chwe **ch**ath
saith ci	saith cath
wyth ci	wyth cath
naw ci	naw cath
deg ci	deg cath

■ **Pa dreigladau?**

	Gwrywaidd	Benywaidd
un + enw benywaidd + treiglad meddal	un ci un bachgen	un **g**ath un **f**erch
dau a **dwy** + treiglad meddal	dau **g**ar dau **dd**yn	dwy **g**arafán dwy **dd**ynes
tri + treiglad llaes	tri **th**ŷ tri **ch**amel	
tair + dim treiglad		tair teisen tair cwningen
chwech > **chwe** + treiglad llaes	chwe **ph**arot chwe **ch**ar	chwe **ph**unt chwe **ch**acen

■ **Pump a chwech**

Pan fydd enw yn dod ar ôl **pump** a **chwech**:

pump > pum

pump + ceiniog = **pum** ceiniog

chwech > chwe (+ treiglad llaes)

chwech + ceiniog = **chwe ch**einiog

- **Cyfrif arian**

Rydyn ni'n defnyddio **Ffordd 1** i gyfrif **ceiniogau** a **phunnoedd** fel arfer.

deg ceiniog	*10p*
dau ddeg / ugain ceiniog	*20p*
pum deg ceiniog / hanner can ceiniog	*50p*
naw deg naw ceiniog	*99p*
dwy **b**unt	*£2*
ugain punt	*£20*
pum deg punt / hanner can punt	*£50*
tri deg naw punt	*£39*

Ffordd 2: rhif + o + enw lluosog (+ treiglad meddal)

Rydyn ni'n defnyddio **Ffordd 2** gyda rhifau **dros 10** fel arfer, e.e.

un deg un o **g**athod
pum deg naw o **b**obl
wyth cant naw deg naw o **dd**isgyblion

 Cofiwch y treiglad meddal ar ôl **o**:

Naw deg naw o **l**yfrau

78

Sawl …? / Faint o …? *(How many …?)*

Mae dwy ffordd o ofyn *how many?* yn Gymraeg.
There are two ways of asking 'how many?' in Welsh.

sawl + enw unigol	faint o + lluosog (treiglad meddal ar ôl o)
sawl bachgen? sawl merch? sawl person?	faint o **f**echgyn? faint o **f**erched? faint o **b**obl?

Jo:	Faint o anifeiliaid anwes sy gen ti?
Jac:	Tua dau ddeg.
Jo:	Faint?!?
Jac:	Tua dau ddeg, rydw i'n meddwl.
Jo:	Sawl pysgodyn aur sy gen ti?
Jac:	Tri physgodyn aur a dau bysgodyn glas.
Jo:	Sawl neidr?
Jac:	Dwy.
Jo:	Sawl cwningen?
Jac:	Pedair cwningen.
Jo:	Beth arall?
Jac:	Dau darantiwla, bochdew, ci a thair cath.
Jo:	Bobol bach!

cyntaf ... ail ... trydydd
first ... second ... third ...

Edrychwch ar y dudalen nesaf i weld sut mae dweud *first, second, third* ac ati yn y Gymraeg.
Look at the next page to see how to say 'first', 'second', 'third' etc. in Welsh.

■ **Sut i ddefnyddio'r ffurfiau yma**

● **1af**

Mae **cyntaf** yn dod **ar ôl** yr enw.
Mae **cyntaf** yn treiglo ar ôl enw benywaidd unigol:

Gwrywaidd	Benywaidd
y bachgen cyntaf	y ferch **g**yntaf

● **2il**

Mae **ail** yn dod **o flaen** yr enw.
Mae treiglad meddal ar ôl **ail**:

Gwrywaidd	Benywaidd
yr **ail** fachgen	yr **ail** ferch

● **3ydd / 3edd–10fed**

Mae'r geiriau yma hefyd yn dod **o flaen** yr enw.

Gwrywaidd	Benywaidd
y **trydydd** sesiwn	y **drydedd** wers
y **degfed** llyfr	y **ddegfed** bennod

 Sylwch bod **dau dreiglad meddal** gydag **enw benywaidd**

- ar ôl **y** – y **d**rydedd, y **dd**egfed
- ar ôl **y d**rydedd, **y dd**egfed ac ati – y **d**rydedd **w**ers

● **11eg–20fed**

Os oes mwy nag un gair yn y rhif, e.e. **trydydd ar ddeg, pedwerydd ar bymtheg,** dilynwch y patrwm yma:

Gwrywaidd	Benywaidd
y **pedwerydd** bachgen ar ddeg	y **bedwaredd** ferch ar ddeg
y **trydydd** llyfr ar ddeg	y **drydedd** bennod ar ddeg

Os un gair yn unig yw'r rhif, e.e. **deuddegfed, deunawfed,** dilynwch y patrwm yma:

Gwrywaidd	Benywaidd
y **deunawfed** bachgen	y **dd**eunawfed ferch
y **deuddegfed** mis	y **dd**euddegfed ganrif

Beth ydy'r dyddiad? *What's the date?*

GORFFENNAF		
Sul	1af	cyntaf
Llun	2il	ail
Mawrth	3ydd	trydydd
Mercher	4ydd	pedwerydd
Iau	5ed	pumed
Gwener	6ed	chweched
Sadwrn	7fed	seithfed
Sul	8fed	wythfed
Llun	9fed	nawfed
Mawrth	10fed	degfed
Mercher	11eg	unfed ar ddeg
Iau	12fed	deuddegfed
Gwener	13eg	trydydd ar ddeg
Sadwrn	14eg	pedwerydd ar ddeg
Sul	15fed	pymthegfed
Llun	16eg	unfed ar bymtheg
Mawrth	17eg	ail ar bymtheg
Mercher	18fed	deunawfed
Iau	19eg	pedwerydd ar bymtheg
Gwener	20fed	ugeinfed
Sadwrn	21ain	unfed ar hugain
Sul	22ain	ail ar hugain
Llun	23ain	trydydd ar hugain
Mawrth	24ain	pedwerydd ar hugain
Mercher	25ain	pumed ar hugain
Iau	26ain	chweched ar hugain
Gwener	27ain	seithfed ar hugain
Sadwrn	28ain	wythfed ar hugain
Sul	29ain	nawfed ar hugain
Llun	30ain	degfed ar hugain
Mawrth	31ain	unfed ar ddeg ar hugain

Beth ydy'r dyddiad? *What's the date?*

Gorffennaf y pymthegfed
y pymthegfed o Orffennaf } *15 July*
Gorffennaf un deg pump

Awst yr ugeinfed
yr ugeinfed o Awst } *20 August*
Awst dau ddeg

Oed / *Age*

Rydyn ni'n defnyddio **ffurfiau benywaidd** i sôn am oed yn Gymraeg.

*We use **feminine forms** to talk about age in Welsh.*

oed

■ **1–10 oed**

1	blwydd (oed)
2	dwy (oed)
3	tair (oed)
4	pedair (oed)
5	pump (oed)
6	chwech (oed)
7	saith (oed)
8	wyth (oed)
9	naw (oed)
10	deg (oed)

A: Faint ydy oed y ci?
B: Mae e'n **f**lwydd.

A: Faint ydy oed Jane?
B: Mae hi'n **b**edair oed.

blwydd

 Blwydd

Gydag oed, **blwydd** ydy'r gair am *year*.

■ **10–30 oed**

Rydyn ni'n gallu defnyddio ffurfiau modern neu'r rhai traddodiadol, e.e.

Rwyt ti'n un deg wyth heddiw.   *You are eighteen today!*
Rwyt ti'n **dd**eunaw heddiw.

➡ tt. 74 a 76

■ **30+ oed**

Defnyddiwch y rhifau **dau ddeg**, **pedwar deg**, **naw deg naw,** ac ati, e.e.

Mae Taid yn naw deg naw oed!   *Grandad is ninety nine years old!*

➡ tud. 74

yn + treiglad meddal

 Oed

yn + treiglad meddal

Mae'r car **yn b**edair oed.   *The car is four years old.*
Roedd Mr Jones **yn d**ri deg chwech.   *Mr Jones was thirty six.*
Mae'r ysgol **yn g**ant oed.   *The school is a hundred years old.*

■ **Faint ydy oed …?**

Faint ydy oed Simon?	*How old is Simon?*
Faint ydy oed yr ysgol?	*How old is the school?*
Faint ydy oed y tai?	*How old are the houses?*

Faint ydy **fy** oed **i**?	*How old am I?*
Faint ydy **dy** oed **di**?	*How old are you?*
Faint ydy **ei** oed **e**? (De)	*How old is he?*
Faint ydy **ei** oed **o**? (Gogledd)	*How old is he?*
Faint ydy **ei** hoed **hi**?	*How old is she?*
Faint ydy**'n** hoed **ni**?	*How old are we?*
Faint ydy**'ch** oed **chi**?	*How old are you?*
Faint ydy **eu** hoed **nhw**?	*How old are they?*

h ar ôl **ei (hi)**, **ein (ni)** ac **eu (nhw)**

Os ydy'r gair sy'n dilyn **ei** (hi), **ein** (ni) neu **eu** (nhw) yn dechrau â llafariad, mae **h** yn digwydd, e.e.

ei **h**oed hi,   ein **h**athro ni,   eu **h**athro nhw

Rhys: Faint ydy ei oed e?

Kate: Mae e'n gant.

Rhys: A'i wraig e? Faint ydy ei hoed hi?

Kate: Mae hi'n gant ac un.

Rhys: Beth maen nhw'n fwyta?!?

Amser / *Time*

Mae gwahanol ffyrdd o fesur amser:
munudau, oriau, dyddiau, nosweithiau, wythnosau, misoedd, blynyddoedd, ac ati.
There are different ways of measuring time:
minutes, hours, days, nights, weeks, months, years, etc.

■ **Heddiw, ddoe ac yfory**

Heddiw		**Yfory**	
heddiw	*today*	yfory	*tomorrow*
heno	*tonight*	nos yfory	*tomorrow night*
y prynhawn yma	*this afternoon*	prynhawn yfory	*tomorrow afternoon*
y bore yma	*this morning*	bore yfory	*tomorrow morning*

Ddoe	
ddoe	*yesterday*
neithiwr	*last night*
echdoe	*the day before yesterday*
echnos	*the night before last*

■ **Yr wythnos**

DYDDIAU'R WYTHNOS		NOSWEITHIAU'R WYTHNOS	
The days of the week		*The evenings / nights of the week*	
dydd Llun	*Monday*	nos Lun	*Monday evening / night*
dydd Mawrth	*Tuesday*	nos Fawrth	*Tuesday evening / night*
dydd Mercher	*Wednesday*	nos Fercher	*Wednesday evening / night*
dydd Iau	*Thursday*	nos Iau	*Thursday evening / night*
dydd Gwener	*Friday*	nos Wener	*Friday evening / night*
dydd Sadwrn	*Saturday*	nos Sadwrn	*Saturday evening / night*
dydd Sul	*Sunday*	nos Sul	*Sunday evening / night*

 On Saturday

(i) treiglad meddal

Rydw i'n mynd yno **dd**ydd Sadwrn.
I'm going there on Saturday.
(i.e. this coming Saturday)

Maen nhw'n dod **dd**ydd Gwener.
They're coming on Friday.
(i.e. this coming Friday)

(ii) ar + treiglad meddal

Bydda i'n mynd yno **ar dd**ydd Sadwrn.
I (usually) go there on Saturday.
(i.e. on a Saturday / on Saturdays generally)

Byddan nhw'n dod **ar dd**ydd Gwener.
They usually come on Friday.
(i.e. on a Friday / on Fridays generally)

penwythnos = *weekend*
Rydw i'n mynd yno am **benwythnos**.
I'm going there for a weekend.

pythefnos = *fortnight*
Bydda i'n aros am **bythefnos**.
I'll stay for a fortnight.

Sidebar:

heddiw, ddoe yfory ac ati

dyddiau a nosweithiau

treiglad meddal

ar + treiglad meddal

penwythnos pythefnos

diwethaf = *last*

ddydd Sadwrn diwethaf	*last Saturday*
ddydd Iau diwethaf	*last Thursday*
nos Sadwrn diwethaf	*last Saturday night*
nos Iau diwethaf	*last Thursday night*
yr wythnos diwethaf	*last week*
y penwythnos diwethaf	*last weekend*
y mis diwethaf	*last month*

nesaf = *next*

ddydd Sadwrn nesaf	*next Saturday*
ddydd Iau nesaf	*next Thursday*
nos Sadwrn nesaf	*next Saturday night*
nos Iau nesaf	*next Thursday night*
yr wythnos nesaf	*next week*
y penwythnos nesaf	*next weekend*
y mis nesaf	*next month*

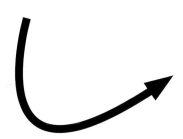

Misoedd y flwyddyn = *Months of the year*

Ionawr	*January*
Chwefror	*February*
Mawrth	*March*
Ebrill	*April*
Mai	*May*
Mehefin	*June*
Gorffennaf	*July*
Awst	*August*
Medi	*September*
Hydref	*October*
Tachwedd	*November*
Rhagfyr	*December*

yn ...	*in ...*
yn Ionawr	*in January*
yn Rhagfyr	*in December*

➡ tud. 102

ym mis ...	*in the month of ...*
ym mis Ionawr	*in the month of January*
ym mis Gorffennaf	*in the month of July*
ar ddechrau ...	*at the beginning of ...*
ar **dde**chrau Gorffennaf	*at the beginning of July*
ar ddiwedd ...	*at the end of ...*
ar **dd**iwedd Awst	*at the end of August*

diwethaf

nesaf

misoedd y flwyddyn

ym mis ...

ar ddechrau ...

ar ddiwedd ...

■ **Blynyddoedd**

Mae mwy nag un gair am *year* yn Gymraeg: **blwyddyn**, **blwydd** a **blynedd**.

blwyddyn

blwydd

blynedd

● **blwyddyn, blynyddoedd** e.e.

    y **flwyddyn** nesaf   *next year*

● **blwydd**: rydyn ni'n defnyddio blwydd gydag oed, e.e.

dwy **flwydd** oed	*two years old*	
pum **mlwydd** oed	*five years old*	➡ tud. 82

● **blynedd**: rydyn ni'n defnyddio'r gair yma gyda rhif. Sylwch ar y ffurfiau yma:

blwyddyn	*one year*
dwy **f**lynedd	*two years*
tair blynedd	*three years*
pedair blynedd	*four years*
pum **m**lynedd	*five years*
chwe blynedd	*six years*
saith **m**lynedd	*seven years*
wyth **m**lynedd	*eight years*
naw **m**lynedd	*nine years*
deng **m**lynedd	*ten years*

Sylwch:

eleni	y llynedd	y flwyddyn nesaf
this year	*last year*	*next year*

eleni
y llynedd

y flwyddyn
nesaf

Pa flwyddyn?

■ **Pa flwyddyn ydy hi? / Pa flwyddyn oedd hi?**

1588	un pump wyth wyth
1604	un chwech dim pedwar
1899	un wyth naw naw
1996	uw naw naw chwech

2001	dwy fil ac un
2007	dwy fil a saith
2017	dwy fil un deg saith
2035	dwy fil tri deg pump

Yn ...

1588	yn un pump wyth wyth
1604	yn un chwech dim pedwar
1899	yn un wyth naw naw
1996	yn un naw naw chwech

Yn ...

2001	yn y flwyddyn dwy fil ac un
2007	yn y flwyddyn dwy fil a saith
2017	yn y flwyddyn dwy fil un deg saith
2035	yn y flwyddyn dwy fil tri deg pump

■ **Faint o'r gloch ydy hi?** *What time is it?*

● **Yr oriau** *The hours*

Mae hi'n … *It is …*
Roedd hi'n … *It was …*
Bydd hi'n … *It will be …*

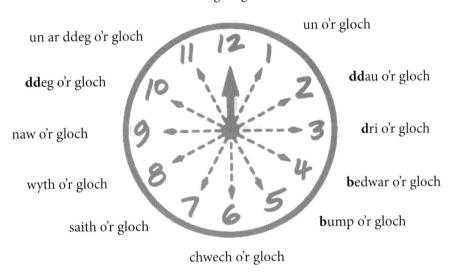

ddeuddeg o'r gloch

un ar ddeg o'r gloch

un o'r gloch

ddeg o'r gloch

ddau o'r gloch

naw o'r gloch

dri o'r gloch

wyth o'r gloch

bedwar o'r gloch

saith o'r gloch

bump o'r gloch

chwech o'r gloch

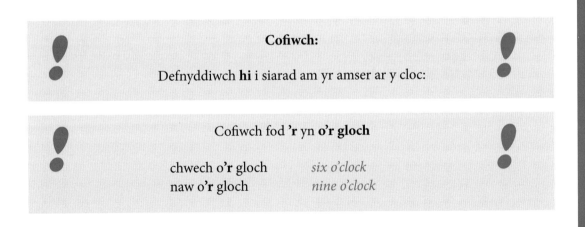

Cofiwch:

Defnyddiwch **hi** i siarad am yr amser ar y cloc:

Cofiwch fod 'r yn o'r gloch

chwech o**'r** gloch *six o'clock*
naw o**'r** gloch *nine o'clock*

Sylwch:

canol dydd	*midday*	canol y bore	*mid-morning*
canol nos	*midnight*	canol y prynhawn	*mid-afternoon*
	canol wythnos	*mid-week*	

yr oriau

mae hi'n …
roedd hi'n …
bydd hi'n …

mae hi'n …

o'r gloch

canol

■ **Y munudau** – *The minutes*

Mae hi'n …	*It is …*
Roedd hi'n …	*It was …*
Bydd hi'n …	*It will be …*

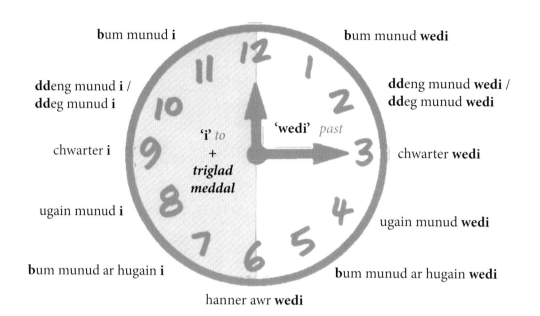

bum munud **i**

bum munud **wedi**

ddeng munud **i** /
ddeg munud **i**

ddeng munud **wedi** /
ddeg munud **wedi**

chwarter **i**

chwarter **wedi**

'**i**' *to*
+
***triglad
meddal***

'**wedi**' *past*

ugain munud **i**

ugain munud **wedi**

bum munud ar hugain **i**

bum munud ar hugain **wedi**

hanner awr **wedi**

Mae hi'n bum munud wedi dau.

Mae hi'n chwarter wedi tri.

 Cofiwch y munud

Mae hi'n bum **munud** wedi wyth.	*It is five past eight.*
Roedd hi'n ugain **munud** wedi naw.	*It was twenty past nine.*

 Cofiwch yr awr

Mae hi'n hanner **awr** wedi wyth.	*It is half past eight.*
Roedd hi'n hanner **awr** wedi naw.	*It was half past nine.*

 Cofiwch:

Dim 'awr' gyda chwarter

Roedd hi'n **chwarter** wedi naw.	*It was a quarter past nine.*

■ Am ... (+ treiglad meddal) – *At ...*

am **d**ri o'r gloch	*at three o'clock*
am **dd**euddeg o'r gloch	*at twelve o'clock*
am **dd**eng munud wedi dau	*at ten past two*
am **b**um munud ar hugain wedi dau	*at twenty five past two*
am chwarter i ddeuddeg	*at a quarter to twelve*

Dysgwch:

am bump o'r gloch **y bore**	*at five o'clock **in the morning***
am ddau o'r gloch **y prynhawn**	*at two o'clock **in the afternoon***
am ddeg o'r gloch **y nos**	*at ten o'clock **at night***
am saith o'r gloch **yr hwyr**	*at seven o'clock **in the evening***

Mae hi'n ugain munud wedi wyth y bore.

Mae hi'n wyth o'r gloch yr hwyr.

■ **Tua ...** (+ treiglad llaes) – *About ... / Approximately ...*

tua dau o'r gloch	*about two o'clock*
tua **th**ri o'r gloch	*about three o'clock*
tua **ph**edwar o'r gloch	*about four o'clock*

■ O ... (+ treiglad meddal) **tan ...** (+ treiglad meddal) = *From ... until ...*

o **dd**au o'r gloch tan **d**ri (o'r gloch)
from two o'clock until three (o'clock)

o **b**um munud i naw tan **b**um munud wedi naw
from five to nine until five past nine

o hanner awr wedi naw tan **dd**eg munud i ddeg
from half past nine until ten to ten

am

y bore
y prynhawn
y nos
yr hwyr

tua

o

tan

- **Erbyn** … (dim treiglad) – *By …*

erbyn deg o'r gloch	*by ten o'clock*
erbyn pum munud wedi naw	*by five past nine*

- **Cyn** … (dim treiglad) – *Before …*

cyn wyth o'r gloch	*before eight o'clock*
cyn hanner awr wedi tri	*before half past three*

- **Ar ôl** … (dim treiglad) – *After …*

ar ôl un ar ddeg o'r gloch	*after eleven o'clock*
ar ôl hanner awr wedi un	*after half past one*

wedyn (*afterwards*) ac **ar ôl** (*after*)

Rydw i'n mynd wedyn.	*I'm going afterwards.*
Daeth e i mewn wedyn.	*He came in afterwards.*
Rydw i'n mynd ar ôl naw o'r gloch.	*I'm going after nine o'clock.*
Daeth e i mewn ar ôl deuddeg o'r gloch.	*He came in after twelve o'clock.*

Rhagenwau / *Pronouns*

Gair fel **fi**, **chi**, **nhw**, **fy**, **dy**, **ei** ydy rhagenw.
*A pronoun is a word like **me**, **you**, **them**, **my**, **your**, **its**.*

■ rhagenw + enw

my	**fy … i**	+ treiglad trwynol	fy **nh**eledu i	*my television*
your	**dy … di**	+ treiglad meddal	dy **f**eic di	*your bike*
his	**ei … e / o**	+ treiglad meddal	ei **l**yfr e / o	*his book*
	ei … fe / fo★		ei **d**ŷ fe / fo	*his house*
her	**ei … hi**	+ treiglad llaes	ei **ch**i hi	*her dog*
our	**ein … ni**	+ dim treiglad	ein tŷ ni	*our house*
your	**eich … chi**	+ dim treiglad	eich car chi	*your car*
their	**eu … nhw**	+ dim treiglad	eu teulu nhw	*their family*

fy … i
dy … di
ei … e
ei … o
ei … hi
ein … ni
eich … chi
eu … nhw

★ **fe / fo** yn lle **e / o** os oes llafariad ar ddiwedd y gair sy'n dod o'i flaen.

h ar ôl **ei** (hi), **ein** (ni) ac **eu** (nhw)
Os yw'r gair sy'n dilyn **ei** (hi), **ein** (ni) neu **eu** (nhw) yn dechrau â
llafariad, mae **h** yn digwydd, e.e.

ei **h**afal hi   ein **h**athro ni   eu **h**arian nhw

ei
ein } + h
eu

■ Os ydy **ei** / **ein** / **eich** / **eu** yn dilyn llafariad:

ei > **'i**	Rydw i'n mynd gyda'**i** frawd e.	*I'm going with his brother.*
ein > **'n**	Mae ein mam a'**n** tad ni'n gweithio.	*Our mother and father work.*
eich > **'ch**	Mae'**ch** brawd chi'n grêt.	*Your brother is great.*
eu > **'u**	Ydych chi'n ffonio'**u** chwaer nhw?	*Are you phoning their sister?*

ei > 'i
ein > 'n
eich > 'ch
eu > 'u

Kev: Wyt ti'n hoffi fy meic newydd i?
Vicky: Ydw, cŵl iawn!
Vicky: Mae e'n well na'i feic e!
Kev: Ym, wel …!

■ Os ydy **ei** / **eu** yn dilyn **i**:

i + ei > i'w	+ treiglad meddal	*to his ..*
i + ei > i'w	+ treiglad llaes	*to her …*
i + eu > i'w	+ dim treiglad	*to their …*

Rydw i'n rhoi hwn **i'w dad** e.   *I'm giving this **to his father**.*
Rydw i'n rhoi hwn **i'w thad** hi.   *I'm giving this **to her father**.*
Rydw i'n rhoi hwn **i'w tad** nhw.   *I'm giving this **to their father**.*

i'w

fy (ngweld) i
dy (weld) di
ac ati

■ **rhagenw + berfenw**

fy … i	+ treiglad trwynol	fy **ng**weld i	*to see me*
dy … di	+ treiglad meddal	dy **g**aru di	*to love you*
ei … e / o	+ treiglad meddal	ei **g**lywed e / o	*to hear him*
ei … fe / fo**		ei yrru fo	*to drive him*
ei … hi	+ treiglad llaes	ei **ch**aru hi	*to love her*
ein … ni	+ dim treiglad	ein pasio ni	*to pass us*
eich … chi	+ dim treiglad	eich taro chi	*to strike you*
eu … nhw	+ dim treiglad	eu credu nhw	*to believe them*

fe / fo yn lle **e / o** os oes llafariad ar ddiwedd y gair sy'n dod o'i flaen.

h ar ôl **ei** (hi), **ein** (ni) ac **eu** (nhw)

Os yw'r gair sy'n dilyn **ei** (hi), **ein** (ni) neu **eu** (nhw) yn
dechrau â llafariad, mae **h** yn digwydd, e.e.

ei **h**adnabod hi   ein **h**ateb ni   eu **h**ofni nhw

Mae Dad yn **fy helpu i** gyda fy ngwaith cartref.
Dad helps me with my homework.

Mae'r camera fideo'n **dy ffilmio di**.
The video camera is filming you.

Mae Taid yn grêt – rydw i'n **ei ffonio fo** bob nos.
Grandad is great – I phone him every night.

Mae Siân yn ffonio ei chariad hi bob nos. Rydw i'n **ei chlywed hi**'n siarad.
Siân phones her boyfriend every night. I hear her talking.

Mae dyn yn **ein dilyn ni**.
There's a man following us.

Maen nhw'n **eich defnyddio chi**!
They're using you!

Mae fy mrawd a fy chwaer yn y coleg. Rydw i'n **eu gweld nhw** yn ystod y gwyliau.
My brother and sister are at college. I see them during the holiday.

■ **Cwestiynau**

Rydyn ni'n defnyddio **ei** neu **eu** gyda rhai cwestiynau, e.e.

Pwy rwyt ti'n **ei** hoffi?   *Who do you like?*
Beth rwyt ti'n hoffi **ei** wneud?   *What do you like doing?*
Pa un rwyt ti'n **ei** hoffi?   *Which one do you like?*

Pa athro rwyt ti'n **ei** barchu?   *Which teacher do you respect?*
Pa athrawes rwyt ti'n **ei** pharchu?   *Which teacher to you respect?*
Pa athrawon rydych chi'n **eu** parchu?   *Which teachers to you respect?*

Yn aml, rydyn ni'n gadael yr **ei** allan, ond mae'r treiglad yn aros:
Pa fachgen rwyt ti'n **weld**?   *Which boy do you see?*

 tud. 58

■ **cael + rhagenw + berfenw**

Rydw i'n cael	fy	**nh**alu.	*I am (being) paid.*
Rwyt ti'n cael	dy	**dd**ilyn.	*You are (being) followed.*
Mae e'n / o'n cael	ei	**g**osbi.	*He is (being) punished.*
Mae John yn cael	ei	**g**osbi.	*John is (being) punished.*
Mae hi'n cael	ei	**ch**osbi.	*She is (being) punished.*
Mae Catrin yn cael	ei	**ch**osbi.	*Catrin is (being) punished.*
Rydyn ni'n cael	ein	gyrru.	*We are (being) driven.*
Rydych chi'n cael	eich	gwylio.	*You are (being) watched.*
Maen nhw'n cael	eu	talu.	*They are (being) paid.*
Mae'r plant yn cael	eu	**h**addysgu.	*The children are (being) taught.*

● Rydych chi'n gallu defnyddio'r un patrwm gydag amserau eraill y ferf:

Roedd e'n cael ei **w**eld bob bore.
He was seen every morning.

Roedden ni'n cael ein gyrru i'r ysgol pan oedden ni'n fach.
We were driven to school when we were small.

● Ces i fy **ng**eni yn Awstralia.
I was born in Australia.

Cafodd e ei **dd**al.
He was caught.

● Byddwn ni'n cael ein **g**yrru i'r gwesty.
We will be driven to the hotel.

Byddan nhw'n cael eu croesawu.
They will be welcomed.

Ces i fy ngeni yng Nghaerdydd. Ces i fy magu ym Mangor. Felly, rydw i'n dod o'r De ac o'r Gogledd.

■ gan *by*

Cafodd e ei ddal **gan** yr heddlu.
*He was caught **by** the police.*

Byddwn ni'n cael ein gyrru i'r gwesty **gan** y *chauffeur*.
*We will be driven to the hotel **by** the chauffeur.*

■ (fy) hun / ar fy mhen fy hun

fy hun	*myself*	ar fy mhen fy hun	*by myself*
dy hun	*yourself (sing.)*	ar dy ben dy hun	*by yourself*
eich hun*	*yourself**	ar eich pen eich hun*	*by yourself**
ei hun	*himself / itself*	ar ei ben ei hun	*by himself / itself*
ei hun	*herself / itself*	ar ei phen ei hun	*by herself / itself*
ein hunain	*ourselves*	ar ein pen ein hunain	*by ourselves*
eich hunain	*yourselves*	ar eich pen eich hunain	*by yourselves*
eu hunain	*themselves*	ar eu pen eu hunain	*by themselves*

* y ffurf gwrtais **CHI**    tud. 16

 Gwneud brawddegau

Maen nhw'n mwyhau eu hunain.
Maen nhw'n mwynhau eu hunain   yn y Ganolfan Hamdden.
Maen nhw'n mwynhau eu hunain   yn y Ganolfan Hamdden   bob dydd Sadwrn.

 Gwneud brawddegau

Dydy e ddim yn mwynhau ei hun.
Dydy e ddim yn mwynhau ei hun   yn y dref.
Dydy e ddim yn mwynhau ei hun   yn y dref   achos dydy e ddim yn hoffi siopa.

 Gwneud brawddegau

Rydw i'n cerdded.
Rydw i'n cerdded   i'r ysgol.
Rydw i'n cerdded   i'r ysgol   ar fy mhen fy hun.
Rydw i'n cerdded   i'r ysgol   ar fy mhen fy hun   bob dydd.

 Gofyn cwestiynau

Wyt ti'n mynd?
Wyt ti'n mynd   ar dy ben dy hun?
Wyt ti'n mynd   ar dy ben dy hun   i'r ddawns?
Wyt ti'n mynd   ar dy ben dy hun   i'r ddawns   nos Sadwrn?

ein gilydd
eich gilydd
ei gilydd

■ **ein / eich / ei gilydd**   *each other / one another*

ein gilydd	rydyn **ni'n** helpu **ein** gilydd	*we help each other*
eich gilydd	rydych **chi'n** colli **eich** gilydd	*you miss each other*
ei gilydd	maen **nhw'n** caru **ei** gilydd	*they love each other*

ei gilydd

Mae (eu)gilydd yn **anghywir**   Mae **ei gilydd** yn **gywir!**

gyda'n gilydd
gyda'ch gilydd
gyda'i gilydd

■ **gyda'n gilydd / gyda'ch gilydd / gyda'i gilydd**   *together*

gyda'n gilydd	rydyn **ni'n** mynd gyda'n gilydd	*we're going together*
gyda'ch gilydd	rydych **chi'n** gweithio gyda'ch gilydd	*you work together*
gyda'i gilydd	maen **nhw'n** byw gyda'i gilydd	*they live together*

gyda'i gilydd

Mae gyda (°u) gilydd yn **anghywir!**   Mae gyda**'i gilydd** yn **gywir!**

■ **rhagenw o fewn arddodiad**

Weithiau mae 2 air mewn arddodiad, e.e.

ar ben
ar ôl
o flaen
wrth ochr
yn ymyl

ar ben	*on top of*	wrth ochr	*by the side of / beside*
ar ôl	*after*	yn ymyl	*near to / beside*
o flaen	*in front of*		

Os ydyn ni eisiau defnyddio rhagenw gyda'r arddodiaid yma, rhaid i ni roi'r rhagenw rhwng y ddau air, e.e.

Rhowch y bocs **ar ben y papurau**.   *Put the box **on top of the papers**.*
Rhowch y bocs **ar eu pen nhw**.   *Put the box **on top of them**.*

Ewch **ar ôl John**.   *Go **after John**.*
Ewch **ar ei ôl e**.   *Go **after him**.*

Rydw i eisiau sefyll **o flaen Jan**.   *I want to stand **in front of Jan**.*
Rydw i eisiau sefyll **o'i blaen hi**.   *I want to stand **in front of her**.*

Roedden nhw'n sefyll **wrth ochr yr athrawon**.
*They were standing **beside the teachers**.*
Roedden nhw'n sefyll **wrth eu hochr nhw**.
*They were standing **beside them**.*

■ Rydw i wrth fy modd yn …*I love …*

fi	Rydw i **wrth fy modd** yn chwarae tennis.
	I love playing tennis.
ti	Rwyt ti **wrth dy fodd** yn cerdded.
	You love walking.
fe / fo	Mae e **wrth ei fodd** yn coginio.
	He loves cooking.
John	Mae John **wrth ei fodd** yn gwylio'r teledu.
	John loves watching TV.
hi	Mae hi **wrth ei bodd** yn chwarae pêl droed.
	She loves playing football.
Catrin	Mae Catrin **wrth ei bodd** yn chwarae rygbi.
	Catrin loves playing rugby.
ni	Rydyn ni **wrth ein bodd** yn beicio.
	We love cycling.
chi	Rydych chi **wrth eich bodd** yn chwarae golff.
	You love playing golf.
nhw	Maen nhw **wrth eu bodd** yn mynd allan.
	They love going out.
John a Catrin	Mae John a Catrin **wrth eu bodd** yn siopa.
	John and Catrin love shopping.

● **Wrth fy modd + yn + berfenw**

Rydw i wrth fy modd **yn** chwarae.
I love playing.

Mae hi wrth ei bodd **yn** gweithio.
She loves working.

● **Wrth fy modd + gyda + enw / rhagenw** (fi, ti, fe, hi ac ati)

Rydw i wrth fy modd **gyda**'r rhaglen.
I love the programme.

Rydyn ni wrth ein bodd **gyda** hi.
We love it.

● **Wrth fy modd + lle** neu **amser**

Rydw i wrth fy modd **ar lan y môr**.
I love being at the seaside.

Mae'r plant wrth eu bodd **yn yr haf**.
The children are happy in the summer.

hwn (gwr.) = *this (one)*	**hwnna** (gwr.) = *that (one)*
hon (ben.) = *this (one)*	**honna** (ben.) = *that (one)*
y rhain (lluosog) = *these (ones)*	**y rheina** (lluosog) = *those (ones)*

Rydw i wrth fy modd gyda **hwn**.
*I love **this one** (masculine object / person).*

Mae'r bachgen wedi dewis **hon**.
*The boy has chosen **this one** (feminine object / person).*

Mae'**r rhain** yn wych.
***These** are great.*

Mae **hwnna**'n ofnadwy.
***That one** (masculine) is awful.*

Mae **honna**'n well.
***That one** (feminine) is better.*

Rydw i eisiau'**r rheina**.
*I want **those**.*

Pan fydd *this*, *these*, *that* neu *those* yn dod gydag enw, rydyn ni'n dweud:

yma = *this / these*   **yna** = *that / those*

	Unigol	Lluosog
yma	y bachgen **yma** *this boy* y ferch **yma** *this girl*	y bechgyn **yma** *these boys* y merched **yma** *these girls*
yna	y bachgen **yna** *that boy* y ferch **yna** *that girl*	y bechgyn **yna** *those boys* y merched **yna** *those girls*

Mae'**r crynoddisg yma** yn wych.
***This CD** is great.*

Mae Jan wedi darllen **y llyfr yna** o'r blaen.
*Jan has read **that book** before.*

... pwy? *Whose...?*
Pwy biau ...? *Who owns ...?*

■ **Pwy ...?** *Whose ...?*

Y CWESTIWN

Brawd pwy ydy e?	*Whose brother is he?*
Chwaer pwy ydy hi?	*Whose sister is she?*
Plant pwy ydyn nhw?	*Whose children are they?*

YR ATEB

Brawd John (ydy e).	*(He's) **John's brother**.*
Chwaer Sam (ydy hi).	*(She's) **Sam's sister**.*
Plant Mrs Price (ydyn nhw).	*(They are) **Mrs Price's children**.*

■ **Pwy biau ...?** *Who owns...?*

Y CWESTIWN

Pwy biau'r llyfr?	*Who owns the book?* *Whose is the book?*
Pwy biau'r car?	*Who owns the car?* *Whose is the car?*
Pwy biau'r bêl?	*Who owns the ball?* *Whose is the ball?*

YR ATEB

John biau'r llyfr.	*John owns the book.*
Sam biau'r car.	*Sam owns the car.*
Simon biau'r bêl.	*Simon owns the ball.*

Y genidol / *The genitive*

Mae'r **genidol** yn dangos **pwy biau** rhywbeth, e.e. car **John**, ci **Siân**, crynoddisg **y ferch**.
*The **genitive** shows **whose** something is, e.g. **John's** car, **Siân's** dog, **the girl's** CD.*

■ I ddweud *John's brother*, *Sam's house*, *Mrs Potter's car* ac ati, rhaid i chi newid trefn y geiriau fel hyn:

John's brother	>	brawd John	Mae **brawd John** yn gweithio yn y banc.
Sam's house	>	tŷ Sam	Mae **tŷ Sam** yn y wlad.
Mrs Potter's car	>	car Mrs Potter	Dydw i ddim yn hoffi **car Mrs Potter**.
The man's book	>	llyfr y dyn	Dyma **lyfr y dyn**.

■ Mae ffordd arall o ysgrifennu'r genidol yn Saesneg, e.e. the father of the boys

the ... of ...

the father of the boys	>	*the father of the boys*	>	tad y bechgyn
the father of the bride	>	*father the bride*	>	tad y briodasferch
the capital of Wales	>	*capital Wales*	>	prifddinas Cymru
the top of the mountain	>	*top the mountain*	>	copa'r mynydd
the side of the hill	>	*side the hill*	>	ochr y mynydd
the University of Wales	>	*University Wales*	>	Prifysgol Cymru

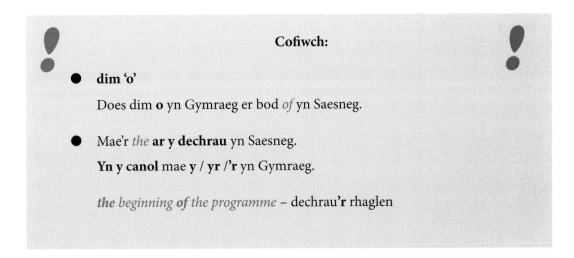

Cofiwch:

● **dim 'o'**

Does dim **o** yn Gymraeg er bod *of* yn Saesneg.

● Mae'r *the* **ar y dechrau** yn Saesneg.

Yn y canol mae **y / yr /'r** yn Gymraeg.

the beginning of the programme – dechrau'**r** rhaglen

dim
'o' = of

Arddodiaid / *Prepositions*

Mae arddodiaid yn eiriau bach pwysig iawn, e.e. **am**, **ar**, **i** ac ati.
*Prepositions are important little words, e.g. **am**, **ar**, **i**, etc.*

arddodiaid
+
treiglad
meddal

■ **Rhai arddodiaid pwysig**

am	dan	heb	wrth
ar	dros	i	gan
at	drwy	o	hyd

■ Mae **treiglad meddal** mewn geiriau sy'n dod **yn syth ar ôl** yr arddodiaid yma.

Rydw i'n chwilio **am l**yfr ar Shakespeare.
I'm looking for a book on Shakespeare.

Maen nhw wedi symud **i G**aerdydd i fyw.
They've moved to Cardiff to live.

Fydd y plant ddim yn mynd i'r ysgol **ar dd**ydd Sadwrn.
The children don't go to school on Saturdays (on a Saturday).

■ **Rhedeg arddodiaid**

Mae arddodiaid yn newid ychydig os oes rhagenw'n dilyn:

arna i
ata i
ac ati

AR

ar + fi	arna i, arno i
ar + ti	arnat ti, arnot ti
ar + fe / fo	arno fe / fo
ar + hi	arni hi
ar + ni	arnon ni
ar + chi	arnoch chi
ar + nhw	arnyn nhw

AT

at + fi	ata i, ato i
at + ti	atat ti, atot ti
at + fe / fo	ato fe / fo
at + hi	ati hi
at + ni	aton ni
at + chi	atoch chi
at + nhw	atyn nhw

amdana i
dana i
ac ati

AM

am + fi	amdana i
am + ti	amdanat ti
am + fe / fo	amdano fe / fo
am + hi	amdani hi
am + ni	amdanon ni
am + chi	amdanoch chi
am + nhw	amdanyn nhw

DAN

dan + fi	dana i
dan + ti	danat ti
dan + fe / fo	dano fe / fo
dan + hi	dani hi
dan + ni	danon ni
dan + chi	danoch chi
dan + nhw	danyn nhw

DROS

dros + fi	drosto i
dros + ti	drostot ti
dros + fe / fo	drosto fe / fo
dros + hi	drosti hi
dros + ni	droston ni
dros + chi	drostoch chi
dros + nhw	drostyn nhw

DRWY

drwy + fi	drwyddo i
drwy + ti	drwyddot ti
drwy + fe / fo	drwyddo fe / fo
drwy + hi	drwyddi hi
drwy + ni	drwyddon ni
drwy + chi	drwyddoch chi
drwy + nhw	drwyddyn ni

HEB

heb + fi	hebddo i
heb + ti	hebddot ti
heb + fe / fo	hebddo fe / fo
heb + hi	hebddi hi
heb + ni	hebddon ni
heb + chi	hebddoch chi
heb + nhw	hebddyn nhw

RHWNG

rhwng + fi	rhyngddo i
rhwng + ti	rhyngddot ti
rhwng + fe / fo	rhyngddo fe / fo
rhwng + hi	rhyngddi hi
rhwng + ni	rhyngddon ni
rhwng + chi	rhyngddoch chi
rhwng + nhw	rhyngddyn nhw

I

i + fi / mi	i fi / mi
i + ti	i ti
i + fe / fo	iddo fe / fo
i + hi	iddi hi
i + ni	i ni
i + chi	i chi
i + nhw	iddyn nhw

O

o + fi	ohono i
o + ti	ohonot ti
o + fe / fo	ohono fe / fo
o + hi	ohoni hi
o + ni	ohonon ni
o + chi	ohonoch chi
o + nhw	ohonyn nhw

WRTH

wrth + fi	wrtho i
wrth + ti	wrthot ti
wrth + fe / fo	wrtho fe / fo
wrth + hi	wrthi hi
wrth + ni	wrthon ni
wrth + chi	wrthoch chi
wrth + nhw	wrthyn nhw

YN

yn + fi	ynddo i
yn + ti	ynddot ti
yn + fe / fo	ynddo fe / fo
yn + hi	ynddi hi
yn + ni	ynddon ni
yn + chi	ynddoch chi
yn + nhw	ynddyn nhw

GAN

➡ tud. 109 i weld sut mae **gan** yn newid gyda rhagenw.

MO

➡ tud. 37 i weld sut mae **mo** yn newid gyda rhagenw.

---

drosto i
drwyddo i
ac ati

hebddo i
rhyngddo i
ac ati

i fi / mi
ohono i
ac ati

wrtho i
ynddo i
ac ati

mewn ac **yn** / *in*

■ **mewn**

mewn + lle amhendant *(indefinite place)*

mewn siop	Rydw i'n gweithio **mewn siop** bob dydd Sadwrn.
	I work in a shop every Saturday.
mewn ystafell	Am ddeg o'r gloch, rydw i'n cael coffi **mewn ystafell** yn y cefn.
	At ten o'clock, I have coffee in a room in the back.
mewn caffi	Rydw i'n cael cinio **mewn caffi**.
	I have lunch in a café.
mewn car	Rydw i'n mynd adref **mewn car**.
	I go home by car (= in a car).

■ **yn**

yn + lle pendant *(definite place)*
yn aml iawn o flaen **y** / **yr** neu **briflythyren** *(capital letter)*

yn y siop	Rydw i'n gweithio **yn y siop** bob dydd Sadwrn.
	I work in the shop every Saturday.
yn Eat and Eat	Rydw i'n cael cinio **yn** *Eat and Eat.*
	I have lunch in 'Eat and Eat'.
yn ystafell y staff	Am ddeg o'r gloch, rydw i'n cael coffi **yn ystafell y staff**.
	At ten o'clock I have coffee in the staff room.
yn ein car ni	Rydw i'n mynd adref **yn ein car ni**.
	I go home in our car.

● Mae treiglad trwynol mewn geiriau sy'n dod **yn syth** ar ôl **yn**.
  Mae'r **yn** newid hefyd weithiau:

yn + t >	yn **nh**	yn **Nh**reorci
yn + c >	y**ng ngh**	y**ng Ngh**aerdydd
yn + p >	y**m mh**	y**m Mh**orthcawl
yn + d >	yn **n**	yn **N**inbych
yn + g >	y**ng ng**	y**ng Ng**resffordd
yn + b >	y**m m**	y**m M**angor

Wyt ti'n aros yn **nh**ŷ John heno?

Nac ydw, rydw i'n aros **ym mh**abell Dafydd heno.

■ Berfenwau + arddodiaid

Rydyn ni'n defnyddio arddodiaid gyda rhai berfenwau – fel yn Saesneg, e.e.

To look at   edrych **ar**   *to look for*   edrych **am**

â / ag
(➡ tud. 53)

cwrdd â (De)	*to meet*	peidio â	*to refrain from / not to do something*
cyfarfod â (Gogledd)	*to meet*		
cyffwrdd â	*to touch*	sgwrsio â	*to chat to*
dod â	*to bring*	siarad â	*to talk to*
mynd â	*to take*	ymweld â	*to visit*

Mae e'n **mynd â**'i ddillad pêl-droed i'r ysgol heddiw.
*He's **taking** his football kit to school today.*

Dydw i ddim eisiau **siarad â** chi.
*I don't want to **talk to** you.*

Paid â rhoi'r bai arna i!
***Don't** blame me!*

Peidiwch â chau'r drws.
***Don't** close the door.*

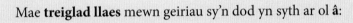

Mae **treiglad llaes** mewn geiriau sy'n dod yn syth ar ol â:

Rydw i eisiau siarad **â th**ad y bachgen.   *I want to talk to the boy's father.*
Peidiwch **â ch**yffwrdd **â ph**en y ci.   *Don't touch the dog's head.*

am

edrych am	*to look for*	talu am	*to pay for*
gofyn am	*to ask for*	ymgeisio am	*to apply for*
sôn am	*to mention (talk about)*		

Mae'r llythyr yn **sôn am** ei gwyliau hi.
*The letter **mentions (talks about)** her holiday.*

Hoffwn i **ymgeisio am** y swydd.
*I would like to **apply for** the post.*

ar

blino ar	*to tire of / to become fed up with*	gweiddi ar	*to shout at*
edrych ar	*to look at*	gwenu ar	*to smile at*
gweddïo ar	*to pray to*	gwrando ar	*to listen to*
		sylwi ar	*to notice*

Rydw i wedi **blino ar** y rhaglen yma.
*I'm **fed up with** this programme.*

Wyt ti wedi **sylwi ar** hwn?
*Have you **noticed** this?*

at

anfon at (+ person)	*to send to (+ person)*	mynd at (+ person)	*to go to (+ person)*
agosáu at	*to approach*	ychwanegu at	*to add to*
cyfeirio at	*to refer to*	ysgrifennu at	*to write to*
edrych ymlaen at	*to look forward to*		

Rydw i'n mynd i **anfon** cerdyn ffolant **at** Sam.
I'm going to send Sam a Valentine card.

Mae'r erthygl yn **cyfeirio at** yr amgylchedd.
The article refers to the environment.

i

anfon i (+ lle)	*to send to (+ place)*	mynd heibio i (+ lle)	*to pass (+ place)*
dangos i	*to show (to)*	rhoi i	*to give (to)*

Rydw i wedi **dangos** fy ngwaith cartref **i Mrs Homer**.
I've shown Mrs Homer my homework.

Wyt ti eisiau **rhoi** anrheg **i Ceri?**
Do you want to give Ceri a present?

AT / I

anfon at / mynd at + person

Rydw i'n **anfon** llythyr **at fy chwaer.**
Wyt ti'n **mynd at y deintydd?**

anfon i / mynd i + lle

Rydw i'n **anfon** llythyr **i gartref fy chwaer.**
Wyt ti'n **mynd i'r ysbyty?**

wrth

dweud wrth	*to tell*

Rydw i'n mynd i **ddweud wrth** yr athrawes!
I'm going to tell the teacher!

yn

cydio yn	*to take hold of*
ymddiried yn	*to trust*

Dydy hi ddim yn **ymddiried yn** Steve.
She doesn't trust Steve.

Arddodiaid mewn idiomau / *Prepositions in idioms*

■ **Idiomau: AR**

Mae **arna i** bunt i chi.	*I owe you a pound.*
Mae cywilydd **arna i**.	*I'm ashamed.*
Mae chwant bwyd **arna i**.	*I feel peckish.*
Mae eisiau bwyd **arna i**.	*I'm hungry.*
Mae hiraeth **arna i**.	*I'm homesick.*
Mae ofn **arna i**.	*I'm frightened.*
Mae syched **arna i**.	*I'm thirsty.*

Cofiwch:

Mae'r **arna i** yn newid os ydyn ni'n siarad am rywun arall. (➡ tud. 100)

Mae **arnat ti** bum deg ceiniog i fi.	*You owe me fifty pence.*
Mae cywilydd **arnyn nhw**.	*They're ashamed.*
Mae chwant bwyd **arnon ni**.	*We're peckish.*
Mae eisiau bwyd **arno fe**.	*He's hungry.*
Mae hiraeth **arni hi**.	*She's homesick.*
Mae ofn **arnon ni**.	*We're frightened.*
Mae syched **arno fe**.	*He's thirsty.*

● **Salwch**

Rydyn ni'n gallu defnyddio **ar** i sôn am salwch hefyd – os ydyn ni'n enwi'r salwch, e.e.

Beth sy'n bod **ar** …?
*What's the matter **with** …?*

Beth sy'n bod **arnat ti**?
*What's the matter **with you**?*

Beth sy'n bod **arnoch chi**?
*What's the matter **with you**?*

Mae annwyd arna i.	*I've got a cold.*
Mae'r ffliw arna i.	*I've got flu.*
Mae peswch arna i.	*I've got a cough.*
Mae gwres arna i.	*I've got a temperature.*
Mae'r ddannodd arna i.	*I've got toothache.*

Mae brech yr ieir arna i. *I've got chicken pox.*

Salwch:

Rydyn ni'n gallu defnyddio **gan** neu **gyda** i siarad am salwch hefyd. (➡ tud. 112)

● Os ydych chi'n enwi'r salwch (**annwyd / peswch / brech yr ieir**), defnyddiwch **ar**.

● Os ydych chi'n enwi rhan o'r corff (**pen / gwddw**), defnyddiwch **gan / gyda**.

Mae ...	>	**Does dim**
Mae ofn arna i.		Does dim ofn arna i.
Mae eisiau bwyd arnon i.		Does dim eisiau bwyd arnon ni.

Mae ...	>	**Oes ...?**
Mae ofn arna i.		Oes ofn arna i?
Mae eisiau bwyd arnyn nhw.		Oes eisiau bwyd arnyn nhw?

● **Ar + treiglad meddal / ar fin ...** *(about to ...)*

Roeddwn i **ar adael**, pan gofiais i.
Roeddwn i **ar fin gadael**, pan gofiais i.
*I was **about to leave**, when I remembered.*

Roedd hi **ar godi** pan ddechreuodd hi deimlo'n sâl.
Roedd hi **ar fin codi** pan ddechreuodd hi deimlo'n sâl.
*She was **about to get up** when she started feeling ill.*

■ **Idiomau: I**

Mae angen **i fi** ymarfer mwy.	*I need to exercise more.*
Mae'n bryd **i fi** fynd.	*It's time for me to go.*
Mae'n hen bryd **i fi** adael.	*It's high time I left.*
Mae'n rhaid **i mi** ddal y bws.	*I must catch the bus.*
Mae'n well **i mi** ddechrau nawr.	*I'd better start now.*

Cofiwch:

Mae **i fi** (neu **i mi**) yn newid os ydyn ni'n sôn am rywun arall fel **ti, fe / fo, hi** ac ati.

(tud. ➡ 101)

Mae angen **i ti** fynd allan mwy.	*You need to get out more.*
Mae'n bryd **iddo fe** wneud ychydig o waith.	*It's time he did some work.*
Mae'n well **iddyn nhw** wneud eu gwaith!	*They'd better do their work!*

 Treiglad Meddal

Mae treiglad meddal mewn berfau sy'n dilyn **mae'n rhaid** i ac ati:

Mae'n rhaid i fi **f**wyta.	*I must eat.*
Mae'n well i chi **r**edeg.	*You had better run.*

Mae >	**Does dim …**
Mae rhaid i fi fynd.	Does dim rhaid i fi fynd.
Mae angen i ti aros.	Does dim angen i ti aros.
Mae'n … >	**Dydy hi ddim yn …**
Mae'n bryd i fi fynd.	Dydy hi ddim yn bryd i fi fynd.

Mae … >	**Oes …?**
Mae rhaid i fi fynd.	Oes rhaid i fi fynd?
Mae angen i ti aros.	Oes angen i ti aros?
Mae'n … >	**Ydy hi'n …?**
Mae'n bryd i fi fynd.	Ydy hi'n bryd i fi fynd?

■ **wrth + i + treiglad meddal** – *(as …)*

Wrth iddo fe ddod i mewn, gwelodd e'r ferch.
As he was coming in, he saw the girl.

Gwelodd e'r ferch **wrth iddo fe dd**od i mewn.
He saw the girl as he was coming in.

Roedd sŵn mawr **wrth i ni g**eisio dechrau'r car.
There was a terrible noise as we tried to start the car.

■ **drwy / trwy + treiglad meddal** – *by (doing something* or *by means of)*

Mae'n bosibl cadw'n iach **drwy f**wyta bwyd da.
It's possible to keep healthy by eating good food.

Mae Sam yn cadw'n heini **drwy f**ynd i'r gampfa.
Sam keeps fit by going to the gym.

Byddi di'n colli pwysau **trwy f**wyta'n iach ac ymarfer mwy.
You'll lose weight by eating more healthily and exercising more.

gan a gyda

Rydyn ni'n defnyddio **gan** a **gyda** i siarad am y teulu ac am beth sy gennyn ni, i ddisgrifio, i ddisgrifio salwch ac mewn idiomau.
*We use **gan** and **gyda** to talk about the family and about what we have, to describe, to describe illness and in idioms.*

■ **GAN: siarad am y teulu ac am bethau eraill**

Yn y Gogledd: gan … (+ treiglad meddal)

Mae **gen i** frawd.	*I've got a brother.*
Mae **gen ti** chwaer.	*You've got a sister.*
Mae **ganddo fo** gath.	*He's got a cat.*
Mae **ganddi hi** bysgodyn aur.	*She's got a goldfish.*
Mae **gan Rhian** gi.	*Rhian's got a dog.*
Mae **gan Rhian a John** gi.	*Rhian and John have a dog.*
Mae **gennyn ni** daid a nain.	*We've got a grandfather and a grandmother.*
Mae **gennych chi** lawer o anifeiliaid.	*You've got lots of animals.*
Mae **ganddyn nhw** geffylau.	*They've got horses.*

Yn y Gogledd: Does gan … ddim … (dim treiglad meddal)

Does **gen i ddim** brawd.	*I haven't got a brother.*
Does **ganddi hi ddim** chwaer.	*She hasn't got a sister.*
Does **ganddo fo ddim** arian.	*He hasn't got any money.*
Does **ganddyn nhw ddim** amser.	*They haven't got any time.*

Yn y Gogledd: Oes gan … … (+ treiglad meddal)?

Oes **gen ti** frawd?	*Have you got a brother?*
Oes **ganddi hi** chwaer?	*Has she got a sister?*
Oes **ganddo fo** gi?	*Has he got a dog?*
Oes **ganddyn nhw** gar newydd?	*Have they got a new car?*

! **Cofiwch** **!**

gan + y treiglad meddal

Mae gen i **f**rawd.	*I've got a brother.*
Mae ganddo fo **d**aid a nain.	*He's got a grandfather and a grandmother.*
Mae ganddi hi **g**i bach.	*She's got a puppy.*
Mae ganddyn nhw **g**arafan.	*They've got a caravan.*

mae gen i …
ac ati

does gen i ddim …
ac ati

oes gen ti …?
ac ati

gan + treiglad meddal

Gwneud brawddegau

Mae gen i gi.

Mae gen i gi   o'r enw Rolf.

Mae gen i gi   o'r enw Rolf.   Mae e'n ddeg oed.

Mae gen i gi   o'r enw Rolf.   Mae e'n ddeg oed ac mae e'n ddu a gwyn.

Gwneud brawddegau

Does gen i ddim arian.

Does gen i ddim arian   i brynu cyfrifiadur.

Does gen i ddim arian   i brynu cyfrifiadur   ac rydw i eisiau cyfrifiadur.

Does gen i ddim arian   i brynu cyfrifiadur   ac rydw i eisiau cyfrifiadur i syrffio'r We.

Amserau eraill

Rydych chi'n gallu defnyddio **roedd** a **bydd** a **byddai / basai** gyda'r patrymau yma.

Presennol

Mae gen i bysgodyn.
Mae ganddyn nhw frawd.
Mae gen i deledu newydd.
Mae ganddo fo lawer o arian.

Amserau eraill

Roedd gen i bysgodyn.
Roedd ganddyn nhw frawd.
Bydd gen i deledu newydd yfory.
Basai ganddo fo lawer o arian pe basai'n cynilo.

roedd
bydd
basai

■ GYDA: siarad am y teulu ac am bethau eraill

 Yn y De: Gyda (dim treiglad meddal)

Mae brawd **gyda fi**.	*I've got a brother.*
Mae chwaer **gyda ti**.	*You've got a sister.*
Mae cath **gyda fe**.	*He's got a cat.*
Mae pysgodyn aur **gyda hi**.	*She's got a goldfish.*
Mae ci **gyda Rhian**.	*Rhian's got a dog.*
Mae ci **gyda Rhian a John**.	*Rhian and John have a dog.*
Mae tad-cu a mam-gu **gyda ni**.	*We've got a grandfather and a grandmother.*
Mae llawer o anifeiliaid **gyda chi**.	*You've got lots of animals.*
Mae ceffylau **gyda nhw**.	*They've got horses.*

 Yn y De: Does dim ... gyda ... (dim treiglad meddal)

Does dim brawd gyda fi.	*I haven't got a brother.*
Does dim chwaer gyda hi.	*She hasn't got a sister.*
Does dim arian gyda fe.	*He hasn't got any money.*
Does dim amser gyda nhw.	*They haven't got any time.*

 Yn y De: Oes ... gyda ... (dim treiglad meddal)?

Oes brawd gyda ti?	*Have you got a brother?*
Oes chwaer gyda hi?	*Has she got a sister?*
Oes ci gyda fe?	*Has he got a dog?*
Oes car newydd gyda nhw?	*Have they got a new car?*

 ## Gwneud brawddegau

Mae pysgodyn aur gyda hi.
Mae pysgodyn aur gyda hi   ers tair wythnos.
Mae pysgodyn aur gyda hi   ers tair wythnos   ac mae e'n un mawr.

 ## Gwneud brawddegau

Does dim anifail anwes gyda hi.
Does dim anifail anwes gyda hi   achos dydy ei mam ddim yn hoffi anifeiliaid.

Amserau eraill

Presennol	Amserau eraill
Mae pysgodyn gyda fi.	Roedd pysgodyn gyda fi.
Mae brawd gyda nhw.	Roedd brawd gyda nhw.
Mae teledu newydd gyda fi.	Bydd teledu newydd gyda fi yfory.
Mae llawer o arian gyda fe.	Basai llawer o arian gyda fe pe basai'n cynilo.

mae gyda fi ...
ac ati

**does dim ...
gyda fi**
ac ati

oes ... gyda fi?
ac ati

**roedd
bydd
basai**

■ **Disgrifio**

Rydych chi'n gallu defnyddio **gan** a **gyda** i ddisgrifio pobl a phethau:

Dyma Simon.
Mae ganddo fo **b**en mawr.
Mae ganddo fo **w**allt du, cyrliog.
Mae ganddo fo **g**eg fawr.
Does ganddo fo ddim dannedd.

Dyma Simon.
Mae pen mawr gyda fe.
Mae gwallt du, cyrliog gyda fe.
Mae ceg fawr gyda fe.
Does dim dannedd gyda fe.

Mae gen i feic newydd.
Mae ganddo fo 18 gêr.
Mae o'n grêt!

Mae beic newydd gyda fi.
Mae 18 gêr gyda fe.
Mae e'n grêt.

■ **Salwch**

Rydych chi'n gallu defnyddio **gan** a **gyda** i siarad am salwch – os ydych chi'n sôn am ran o'r corff:

Yn y Gogledd		Yn y De
Mae gen i gur pen.	*I've got a headache.*	Mae pen tost gyda fi.
Mae gen i ddolur gwddw.	*I've got a sore throat.*	Mae gwddwg tost gyda fi.
Mae gen i bigyn clust.	*I've got earache.*	Mae clust dost gyda fi.

➡ tt. 109–111 i wneud y negydd ac i ofyn cwestiwn.

■ **Idiomau: GAN / GYDA**

Gogledd	Mae'n dda gen i …	+ treiglad meddal	*I'm pleased to*
De	Mae'n dda gyda fi …	+ treiglad meddal	
Gogledd	Mae'n ddrwg gen i …	+ treiglad meddal	*I'm sorry*
De	Mae'n ddrwg gyda fi …	+ treiglad meddal	
Gogledd	Mae'n gas gen i …	+ treiglad meddal	*I hate …*
De	Mae'n gas gyda fi …	+ treiglad meddal	
Gogledd	Mae'n well gen i …	+ treiglad meddal	*I prefer …*
De	Mae'n well gyda fi …	+ treiglad meddal	

C Gwneud brawddegau

Mae'n ddrwg gen i.
Mae'n ddrwg gen i   glywed am eich brawd.
Mae'n ddrwg gen i   glywed am eich brawd   yn torri ei goes.
Mae'n ddrwg gen i   glywed am eich brawd   yn torri ei goes   yn y gêm bêl-droed.

Mae'n gas gyda hi fynd allan.
Mae'n gas gyda hi fynd allan   ar nos Sadwrn.
Mae'n gas gyda hi fynd allan   ar nos Sadwrn   achos mae hi'n hoffi gwylio ffilm ar y teledu.

■ **Amserau eraill**

Rydych chi'n gallu defnyddio **roedd** a **bydd** a **byddai / basai** gyda'r patrymau yma.

Yn y Gogledd		**Yn y De**
Mae'n gas gen i bêl-droed.	*I hate football.*	Mae'n gas gyda fi bêl-droed.
Roedd hi'n ddrwg gen i glywed.	*I was sorry to hear.*	Roedd hi'n flin gyda fi glywed.
Byddai'n dda gen i fynd.	*I'd be pleased to go.*	Byddai'n dda gyda fi fynd.
Basai'n dda gen i fynd.	*I'd be pleased to go.*	Basai'n dda gyda fi fynd.

Brawddegau / *Sentences*

Mae gwahanol fathau o frawddegau.
There are different kinds of sentences.

■ **Y frawddeg syml**

Edrychwch ar y brawddegau yma. Mae'r **ferf** yn dod ar **ddechrau'r** brawddegau yma.

Rydw i'n mynd.
Mae hi'n athrawes.

Roedd y ci'n rhedeg.
Bwytodd hi'r frechdan.

Bydd hi'n cystadlu yn y cwis.

Basai Rhys yn hoffi mynd i Awstralia.

Dydw i ddim yn mynd.
Dydy hi ddim yn athrawes.

Doedd y ci ddim yn rhedeg.
Fwytodd hi mo'r frechdan.

Fydd hi ddim yn cystadlu yn y cwis.

Fasai Rhys ddim yn hoffi mynd i Awstralia.

Ydw i'n mynd?
Ydy hi'n athrawes?

Oedd y ci'n rhedeg?
Fwytodd hi'r frechdan?

Fydd hi'n cystadlu yn y cwis?

Fasai Rhys yn hoffi mynd i Awstralia?

y ferf ar ddechrau brawddeg

■ **Y frawddeg bwysleisiol**   *The emphatic sentence*

Mae'n bosibl newid trefn geiriau er mwyn pwysleisio. Yn y brawddegau yma rydyn ni'n **pwysleisio'r goddrych** – y person neu'r peth sy'n perfformio'r ferf. Felly, mae'r **goddrych** yn dod **ar ddechrau'r frawddeg** nawr – nid y ferf.

Fi sy'n mynd.
Athrawes ydy hi.

Y ci oedd yn rhedeg.
Hi fwytodd y frechdan.

Hi fydd yn cystadlu yn y cwis.

Rhys fasai'n hoffi mynd i Awstralia.

Nid fi sy'n mynd.
Nid athrawes ydy hi.

Nid y ci oedd yn rhedeg.
Nid hi fwytodd y frechdan.

Nid hi fydd yn cystadlu yn y cwis.

Nid Rhys fasai'n hoffi mynd i Awstralia.

Fi sy'n mynd?
Athrawes ydy hi?

Y ci oedd yn rhedeg?
Hi fwytodd y frechdan?

Hi fydd yn cystadlu yn y cwis?

Rhys fasai'n hoffi mynd i Awstralia?

I bwysleisio'r goddrych:

● Rydyn ni'n rhoi'r gair sy'n cael ei bwysleisio ar ddechrau'r frawddeg.

● Rydyn ni'n defnyddio **sy** neu **ydy** yn lle **mae**.

● Rydyn ni'n defnyddio **oedd** yn lle **roedd**.

● Rydyn ni'n defnyddio **fydd** yn lle **bydd** a **fasai** yn lle **basai**.

● Rydyn ni'n rhoi'r treiglad meddal mewn berfau eraill sy'n dechrau yn **p, t, c, b, d, g, ll, m, rh**. (e.e. Hi **fwytodd**.)

● Dydyn ni ddim yn defnyddio personau eraill y ferf fel fydda, oeddwn ac ati (e.e. Fi **fydd** yn mynd).

● Rydyn ni'n defnyddio **nid** (neu **dim**) yn y negyddol.

goddrych   *subject (of the verb)*   pwysleisio   *emphasise*

SY neu YDY?

- **sy**   + **ansoddair** (e.e. da, drwg)   Hwn **sy**'n dda.
- **sy**   + **berfenw** (e.e. gwybod, mynd)   Hi **sy**'n gwybod.
- **sy**   + **arddodiad** (e.e. ar, dan)   Fe **sy** ar y bont.
- **ydy**   + **gradd eithaf ansoddair** (e.e. gorau, harddaf)   Fe **ydy**'r gorau.
- **ydy**   + **enw ar ôl 'r / y / yr** ac ati (e.e. John, yr athrawes)   Hi **ydy**'r athrawes.
- **ydy**   + **rhagenw** (e.e. fi, ti, hi)   Athrawes **ydy** hi.

■ **Brawddegau pwysleisiol eraill**

Rydyn ni'n gallu pwysleisio rhannau eraill o'r frawddeg. Edrychwch ar y brawddegau sy'n dilyn. Mae'r gair neu'r geiriau pwysig yn dod yn gyntaf.

Yn y ras gyntaf roedd y ci yn rhedeg (nid yn yr ail).
Y frechdan ham fwytodd hi (nid y frechdan gaws).
Yn y cwis bydd hi'n cystadlu (nid yn yr eisteddfod).
I Awstralia basai Rhys yn hoffi mynd (nid i Jamaica).

I bwysleisio rhan arall o'r frawddeg (heblaw'r goddrych):

● Rydyn ni'n rhoi'r gair neu'r geiriau pwysig ar ddechrau'r frawddeg.

● Rydyn ni'n gallu defnyddio **mae / roedd / bydd / byddai / basai**, a phersonau eraill y ferf.

● Rydyn ni'n defnyddio **nid** yn y negyddol.

● Rydyn ni'n treiglo'r ferf yn feddal pan fyddwn ni'n pwysleisio'r gwrthrych, e.e. Y frechdan ham **f**wytodd hi.

Nid yn y ras gyntaf roedd y ci yn rhedeg (ond yn yr ail).
Nid y frechdan ham fwytodd hi (ond y frechdan gaws).
Nid yn y cwis bydd hi'n cystadlu (ond yn yr eisteddfod).
Nid i Awstralia basai Rhys yn hoffi mynd (ond i Jamaica).

Yn y ras gyntaf roedd y ci yn rhedeg (neu yn yr ail)?
Y frechdan ham fwytodd hi (neu'r frechdan gaws)?
Yn y cwis bydd hi'n cystadlu (neu yn yr eisteddfod)?
I Awstralia basai Rhys yn hoffi mynd (neu i Jamaica)?

gwrthrych   *object (of the verb)*

■ Ie a Nage

Mae ateb cwestiwn pwysleisiol yn syml. Rydyn ni'n defnyddio **ie** (*yes*) neu **nage** (*no*).

	ATEB
Fi sy'n mynd?	**Ie**, ti sy'n mynd.
Y ci oedd yn rhedeg yn y ras?	**Nage**, **nid** y ci oedd yn rhedeg, ond y ceffyl.
Hi fwytodd y frechdan?	**Ie**. Gwelais hi.
Hi fydd yn cystadlu yn y cwis?	**Nage, nid** hi fydd yn cystadlu ond ei brawd.
I Awstralia basai Rhys yn hoffi mynd?	**Nage, nid** i Awstralia ond i Jamaica.

Ysgrifennu brawddegau hirach
Writing longer sentences

Rydyn ni'n gallu cysylltu brawddegau byr i wneud brawddegau hirach.
We can link short sentences to make longer sentences.

Edrychwch ar y brawddegau byr yma:

Rydw i'n meddwl.	Mae John yn mynd.
Es i allan.	Roedd hi'n dod i mewn.
Gwelas i ddyn.	Roedd e'n gwisgo siwt binc.

Mae hi'n bosibl gwneud brawddegau hirach o'r brawddegau byr yma.

Rydw i'n meddwl **bod John yn mynd.**
*I think **that John is going.*** } cymal enwol
noun clause

Es i allan **pan oedd hi'n dod i mewn.**
*I went out **when she was coming in.*** } cymal adferfol
adverbial clause

Gwelais i ddyn **oedd yn gwisgo siwt binc.**
*I saw a man **who was wearing a pink suit.*** } cymal perthynol
relative clause

Y cymal enwol / *Noun clause*

Bod

■ Mae'r cymal enwol yn digwydd yn aml gyda'r berfau isod:
Noun clauses often occur with the following verbs:

anghytuno	*to disagree*	Rydw i'n **anghytuno bod** gormod yma. *I **disagree that** there are too many here.*
credu	*to believe*	Maen nhw'n **credu bod** John yn sâl. *They **believe that** John is ill.*
cytuno	*to agree*	Mae hi'n **cytuno bod** smygu yn ddrwg i chi. *She **agrees that** smoking is bad for you.*
dweud	*to say*	Maen nhw'n **dweud bod** y siop yn cau. *They **say that** the shop is closing.*
gwybod	*to know*	Oeddet ti'n **gwybod bod** Ceri'n mynd allan gyda Wyn? *Did you **know that** Ceri is going out with Wyn?*
meddwl	*to think*	Mae hi'n **meddwl bod** Dave yn olygus. *She **thinks that** Dave is gorgeous.*
teimlo	*to feel*	Rydyn ni'n **teimlo bod** hyn yn anghywir. *We **feel that** this is wrong.*
ystyried	*to consider*	Ydych chi wedi **ystyried bod** hyn yn wir? *Have you **considered that** this is true?*

anghytuno

credu

cytuno

dweud

gwybod

meddwl

teimlo

ystyried

bod *that*

Mae rhai pobl yn gadael *that* allan yn Saesneg, ond dydych chi ddim yn gallu gadael **bod** allan yn Gymraeg.

Rydw i'n gwybod **bod** y plant yn sâl.
*I know **that** the children are ill.*
I know the children are ill.

mae'n amlwg

mae'n bosib

mae'n debyg

mae'n drueni
dyna drueni

mae'n dda
────────
mae'n
ofnadwy
────────
mae'n siŵr

mae'n sicr

mae'n wir

mae sôn

mae stori

bod =
that is
that was

■ Mae'r cymal enwol yn digwydd hefyd gyda'r ymadroddion isod:
Noun clauses also occur with the expressions listed below:

mae'n amlwg	*it's obvious*	Mae**'n amlwg bod** hyn yn wir. *It's **obvious that** this is true.*
mae'n bosib	*it's possible* *… may …*	Mae**'n bosib bod** John yn dod. *It's **possible that** John's coming.* *(John **may** come.)*
mae'n debyg	*it's likely* *it seems that*	Mae**'n debyg bod** hyn yn wir. *It's **likely that** this is true.* *(It **seems that** this is true.)*
mae'n drueni dyna drueni	*it's a pity* *what a pity*	Mae**'n drueni bod** y wers yn gorffen! *It's **a pity / what a pity that** the lesson is ending!*
mae'n dda	*it's good*	Mae**'n dda bod** John yma. *It's **good that** John is here.*
mae'n ofnadwy	*it's awful*	Mae**'n ofnadwy bod** pobl yn taflu sbwriel. *It's **awful that** people throw litter.*
mae'n siŵr	*probably*	Mae**'n siŵr bod** hyn yn wir. *This is **probably** true.*
mae'n sicr	*it's certain*	Mae**'n sicr bod** y lle'n cau. *The place is **certainly** closing.*
mae'n wir	*it's true*	Mae**'n wir bod** 2 a 2 yn gwneud 4. *It's **true that** 2 + 2 make 4.*
mae sôn	*there's talk*	Mae **sôn bod** pennaeth newydd yn dod. *There's **talk that** there's a new head teacher coming.*
mae stori	*there's a rumour*	Mae **stori bod** actor enwog yn dod. *There's **a rumour that** a famous actor is coming.*

■ **bod** = *that is / that was*
Does dim eisiau defnyddio berf arall i ddangos amser:

bod = *that is / that are*   **bod** = *that was / that were*

Heddiw, mae hi'n meddwl bod hanes yn ddiddorol.
Today, she thinks that history is interesting.

Ddoe, roedd hi'n meddwl bod hanes yn ddiflas.
Yesterday, she thought that history was boring.

 Peidiwch ag ysgrifennu **roedd** neu **mae** gyda **bod**!

■ **bod** + rhagenw (*that I, that you*, ac ati)

Os ydyn ni'n defnyddio rhagenw gyda **bod**, rhaid i ni dreiglo:

fy **mod** i	*that I*
dy **fod** ti	*that you*
ei **fod** e / o	*that he / it*
ei **bod** hi	*that she / it*
ein **bod** ni	*that we*
eich **bod** chi	*that you*
eu **bod** nhw	*that they*

Rydw i'n meddwl **fy mod i**'n iawn.
*I think **that I'm** right.*

Rydw i'n gwybod **dy fod ti**'n dweud celwydd.
*I know **that you're** fibbing.*

Rydw i'n meddwl **ei fod e**'n hyfryd.
*I think **that he's** gorgeous.*

Rwyt ti'n meddwl **ei bod hi**'n wych.
*You think **that she's** great.*

Rydyn ni'n siŵr **ein bod ni**'n gywir.
*We're sure **that we're** right.*

Rydych chi'n meddwl **eich bod chi**'n gywir.
*You think **that you're** right.*

Rydyn ni'n credu **eu bod nhw**'n gwybod.
*We believe **that they** know.*

fy mod i
dy fod ti
ei fod e / o
ei bod hi
ein bod ni
eich bod chi
eu bod nhw

● Y negyddol

Maen nhw'n dweud … (*They say …*) +:

nad ydw i'n iawn	*that I'm not right*	**fy mod i ddim** yn iawn
nad wyt ti'n iawn	*that you're not right*	**dy fod ti ddim** yn iawn
nad ydy e'n / **o**'n iawn	*that he / it is not right*	**ei fod e / o** ddim yn iawn
nad ydy John yn iawn	*that John isn't right*	**bod John ddim** yn iawn
nad ydy hi'n iawn	*that she / it is not right*	**ei bod hi ddim** yn iawn
nad ydy Rhian yn iawn	*that Rhian isn't right*	**bod Rhian ddim** yn iawn
nad ydyn ni'n iawn	*that we're not right*	**ein bod ni ddim** yn iawn
nad ydych chi'n iawn	*that you're not right*	**eich bod chi ddim** yn iawn
nad ydyn nhw'n iawn	*that they're not right*	**eu bod nhw ddim** yn iawn

Mae'n amlwg **nad ydy**'r broblem yn gwella.

*It's obvious **that** the problem **isn't** improving.*

Mae'n amlwg **bod** y broblem **ddim** yn gwella.

Mae'n drueni **nad ydy** pobl yn fwy gofalus.

*It's a pity **that** people **aren't** more careful.*

Mae'n drueni **bod** pobl **ddim** yn fwy gofalus.

Rydw i'n gwybod **nad ydy** hi'n dda iawn.

*I know **that** she **isn't** very good.*

Rydw i'n gwybod **ei bod hi ddim** yn dda iawn.

● Cwestiynau

Dilynwch y patrwm arferol ar gyfer cwestiynau:

Wyt ti'n credu …?	Wyt ti'n **credu bod** hyn yn wir?
Ydych chi'n siŵr …?	Ydych chi'**n siŵr bod** hyn wedi digwydd?
Oedd e'n meddwl …?	Oedd e'n **meddwl ei bod hi**'n brydferth?

■ **Amserau eraill y ferf**

● **Y dyfodol / yr amodol**

→ tt. 40, 43, 45

Rydyn ni'n defnyddio **y** + **berf** yn lle **bod.**

Rydw i'n meddwl **y bydd e**'n dod yfory.
*I think **that he will** come tomorrow.*

Maen nhw'n credu **y bydd hyn** yn well.
*They believe **that this will be** better.*

Oeddech chi'n meddwl **y basai hi**'n mynd?
*Did you think **that she would** go?*

Oedden nhw'n ystyried **y basen nhw** mewn perygl?
*Did they consider **that they would be** in danger?*

Ond mae rhai pobl yn gadael yr **y** allan, fel yn Saesneg:

Rydw i'n meddwl **bydd e**'n dod.
*I think [that] **he will** come.*

Maen nhw'n credu **bydd hyn** yn well.
*They believe (that) **this will be** better.*

Oeddech chi'n meddwl **basai hi**'n mynd?
*Did you think [that] **she would** go?*

Oedden nhw'n ystyried **basen nhw** mewn perygl?
*Did they consider [that] **they would be** in danger?*

● Yn y negyddol, rydyn ni'n gallu dilyn un o'r patrymau yma:

Maen nhw'n credu **na fydd e**'n dod.
*They believe **that he won't be** coming.*
Maen nhw'n credu **fydd e ddim** yn dod.

Roeddech chi'n meddwl **na fasai hi**'n mynd.
*You thought **that she wouldn't be** going.*
Roeddech chi'n meddwl **fasai hi ddim** yn mynd.

Y cymal enwol / *Noun clause*

Mai / Taw

■ Rydyn ni'n defnyddio **mai** (neu **taw** yn y De) mewn cymalau enwol lle mae pwyslais.
We use mai *(or* taw *in South Wales) in noun clauses where there is emphasis.*

Edrychwch ar y brawddegau yma:

		Pwyslais
Rydw i'n gwybod	+	**John sy'**n copïo'r gwaith.
Maen nhw'n dweud	+	**Siân sy'**n mynd i gystadlu – nid John.
Ydych chi'n meddwl?	+	**Sioned fydd** yn dod, nid Catrin.
Roedd e'n dweud	+	**Nhw oedd** yr hwliganiaid.

Rydw i'n gwybod **mai John** sy'n copïo'r gwaith.
*I know **that it's John who's** copying the work.*

Maen nhw'n dweud **taw Siân sy'**n mynd i gystadlu – nid John.
*They say **that it's Siân who's** going to compete – not John.*

Ydych chi'n meddwl **mai Sioned fydd** yn dod?
*Do you think **that it will be Sioned who** comes?*

Roedd e'n dweud **taw nhw oedd** yr hwliganiaid.
*He said **that they were** the hooligans.*

Peidiwch â defnyddio **bod** a **mai** yn yr un frawddeg.

Maen nhw'n dweud ~~bod~~ mai fe sy'n dod.

Maen nhw'n dweud **mai** fe sy'n dod. ✓

● **Y negyddol**

Mewn cymalau negyddol, rydyn ni'n defnyddio **nad**.

Rydwi'n gwybod **nad John sy'**n copïo'r gwaith cartref.
*I know **that it's not John who's** copying the homework.*

Maen nhw'n dweud **nad Siân sy'**n mynd i gystadlu – ond John.
*They say **that it's not Siân who's** going to compete – but John.*

Mae e'n meddwl **nad Sioned fydd** yn dod.
*He thinks **that it won't be Sioned who** comes.*

Roedd e'n dweud **nad nhw oedd** yr hwliganiaid.
*He said **that they weren't** the hooligans.*

● **Cwestiynau**

Dilynwch y patrwm arferol ar gyfer cwestiynau.

Wyt ti'n credu …?
Wyt ti'n credu **mai**'r rhaglen yma ydy'r un orau ar y teledu?

Ydych chi'n teimlo …?
Ydych chi'n teimlo **mai** hyn sy'n iawn?

Oedd e'n meddwl …?
Oedd e'n meddwl **taw** Siôn oedd wedi torri'r ffenest?

Siôn dorrodd y ffenest?

Cofiwch:

mai = *that* (pwyslais)   **mae** = *is / are*

Oedd e'n meddwl taw Siôn oedd wedi torri'r ffenest?

mai
mae

Y cymal adferfol / *Adverbial clause*

Fel adferf, mae cymal adferfol yn **dweud mwy am y ferf**.
Mae e'n gallu **nodi amod** hefyd.
*An adverbial clause like an adverb **says more about the verb**.*
*It can also **express a condition**.*

 tud. 71–3

■ **Geiriau pwysig**

achos **oherwydd**	} *because*	Rydw i'n hoffi'r rhaglen yma **achos** mae'r stori'n dda. *I like this programme **because** the story is good.*
		Dydw i ddim yn hoffi'r rhaglen yma **oherwydd** dydy'r cymeriadau ddim yn real. *I don't like this programme **because** the characters aren't real.*
pan + **tr. meddal**	*when*	Deffrais i **pan dd**aeth hi i mewn. *I awoke **when** she came in.*
tra	*while*	Roeddwn i'n hapus iawn **tra** oeddwn i yno. *I was very happy **while** I was there.*
hyd nes y	*until*	Fydda i ddim yn hapus **hyd nes** y byddi di gartref. *I won't be happy **until** you're home.*
ble	*where*	Mae e'n mynd **ble** mae e eisiau. *He goes **where** he wants to.*
		Ewch i **ble** bynnag rydych chi eisiau. *Go **wherever** you want to.*
os	*if*	**Os** ydy hi'n braf, rydw i'n mynd i'r traeth. *If it's fine, I'm going to the beach.*
		Peidiwch â dod **os** dydych chi ddim eisiau. *Don't come **if** you don't want to.*
pe	*if*	Baswn i'n ddiolchgar **pe** basech chi'n ysgrifennu ata i. *I'd be grateful **if** you would write to me.*
		Basai hi'n hapus **pe** baset ti'n pasio dy arholiad. *She'd be happy **if** you passed your exam.*

achos
oherwydd

pan

tra

hyd nes y

ble

os

pe

■ **Sylwch:**

● **pan**

Dydyn ni ddim yn defnyddio amser presennol y ferf **bod** (rydw i, mae e, maen nhw, ac ati) gyda **pan**.

Rydyn ni'n defnyddio'r dyfodol (bydda i, bydd hi, byddan nhw, ac ati)

 Cofiwch:
treiglad meddal yn dilyn **pan**

Rydw i'n deffro **pan f**ydd y larwm yn canu.
I wake up when the alarm rings.

Mae e'n cynhyrfu **pan f**ydd e'n gweld y rhaglen.
He becomes excited when he sees the programme.

● **os**

Dydyn ni ddim yn defnyddio'r ffurfiau, **rydw i**, **mae o**, **roedden nhw**, ac ati gydag **os**.

Rydyn ni'n defnyddio ffurfiau'r cwestiynau (ydw i, ydy o, oedden nhw, ac ati).

Rydw i eisiau mynd **os wyt ti** eisiau.
I want to go if you want to.

Doeddwn i ddim eisiau mynd **os oedd e**'n mynd.
I didn't want to go if he was going.

● **pe**

Rydyn ni'n defnyddio **pe** gyda **byddwn**, **byddet**, **byddai**, ac ati neu **baswn**, **baset**, **basai**, ac ati.

Pe byddwn i'n gyfoethog, byddwn i'n mynd ar fy ngwyliau.
If I were rich, I'd go on holiday.
Pe baswn i'n gyfoethog, baswn i'n mynd ar fy ngwyliau.

➡ tud. 46

■ **Cymalau adferfol gyda 'bod':**

am / gan	Rwyt ti'n siwr o basio **gan / am dy fod ti**'n gweithio'n galed.	
since / as	*You're sure to pass **as you are** working hard.*	
er	**Er b**od y rhaglen yn dda, rhaid i mi fynd allan heno.	
although	***Although** the programme is good, I must go out tonight.*	
rhag ofn	Paid â mynd **rhag ofn bod** William yn mynd.	
in case	*Don't go **in case** William is going*	

■ **Cymalau adferfol gydag 'i':**

ar ôl	Deffrais i **ar ôl i**'r larwm ganu.
after	*I awoke after the alarm rang.*
	Bydda i'n gadael **ar ôl i chi** fynd.
	*I will be leaving **after you**'ve gone.*
cyn	Peidiwch â mynd **cyn i mi** gyrraedd.
before	*Don't go **before I** arrive.*
	Roedd e'n gallu siarad Ffrangeg **cyn iddo fe** ddod i'r ysgol yma.
	*He could speak French **before he** came to this school.*
er	**Er i mi** ddysgu'r gwaith, roedd yr arholiad yn anodd.
although	***Although I** had learnt the work, the exam was difficult.*
erbyn	Roedd y parti wedi gorffen **erbyn iddyn nhw** gyrraedd.
by the time	*The party had finished **by the time they** arrived.*
er mwyn	Rhaid i ti gynilo dy arian **er mwyn i ti** allu prynu cyfrifiadur.
in order to / *so that*	*You must save your money **so that you** can buy a computer.*
heb	Daeth e i mewn **heb i mi** ei glywed e.
without	*He came in **without my** hearing him.*
(hyd) nes	Paid â siarad â fi **nes i mi** orffen fy gwaith.
until	*Don't talk to me **until I** finish my work.*
rhag ofn	Rhaid i chi fynd ag ymbarél **rhag ofn iddi hi** fwrw glaw.
in case	*You must take an umbrella **in case it** rains.*
wrth	Syrthiodd **wrth iddi** hi ddringo i'r llwyfan.
as / *at the time that*	*She fell **as she** climbed onto the stage.*

Y cymal ansoddeiriol neu'r cymal perthynol
The adjectival or relative clause

Mae cymal ansoddeiriol, neu gymal perthynol, yn disgrifio enw.
An adjectival, or relative clause, describes a noun.

car **cyflym** – Ansoddair ydy **cyflym.**

car **sy'n mynd 100 milltir yr awr** – Cymal ansoddeiriol neu gymal perthynol ydy **sy'n mynd 100 milltir yr awr.**

● **sy / sy ddim = y presennol**

Mae e'n hoffi'r ferch **sy'n actio** yn y rhaglen.
*He likes the girl **who acts** in the programme.*

Mae'r rhaglen **sy** ar y teledu am naw o'r gloch yn arbennig o dda.
*The programme **which is** on the TV at nine o'clock is particularly good.*

Mae'r actor **sy ddim** yn y rhaglen yr wythnos yma yn sâl yn yr ysbyty.
*The actor **who isn't** in the programme this week is ill in hospital.*

Peidiwch â defnyddio PWY yn y cymalau yma!

*The man **who is** ...* = y dyn **sy'n** ...

Cwestiwn ydy **pwy** fel arfer.

Who did this? = **Pwy** wnaeth hyn?

sy
sy ddim

- **sy wedi / sy ddim wedi = y perffaith**

Mae'r disgyblion **sy wedi trefnu**'r ddawns yn hapus iawn.
*The pupils **who have organised** the dance are very happy.*

Mae'r ddawns **sy wedi codi** llawer o arian wedi bod yn llwyddiant mawr.
*The dance **which has raised** a lot of money has been a great success.*

Mae'r disgyblion **sy ddim wedi bod** yn y ddawns wedi colli noson dda iawn.
*The pupils **who haven't been** at the dance have missed a very good evening.*

- **oedd / oedd ddim = yr amherffaith**

Dyma'r disgyblion **oedd yn gweithio** ar y papur newydd.
*These are the pupils **who were working** on the newspaper.*

Roedd y papur newydd **oedd yn cynnwys** llawer o erthyglau yn ddiddorol.
*The newspaper **which contained** many articles was interesting.*

Roedd y disgyblion **oedd ddim yn gweithio** ar y papur yn gweithio ar broject arall.
*The pupils **who were not working** on the paper were working on another project.*

- **oedd wedi / oedd ddim wedi = y gorberffaith**

Roedd pawb **oedd wedi bod** ar y daith wedi mwynhau eu hunain.
*Everyone **who had been** on the trip had enjoyed themselves.*

Roedd Mrs Smith, **oedd wedi trefnu**'r daith, yn hapus iawn.
*Mrs Smith, **who had organised** the trip, was very happy.*

Roedd y bobl **oedd ddim wedi dod** ar y trip yn siomedig iawn.
*The people **who had not come** on the trip were very disappointed.*

- **fydd / fydd ddim = y dyfodol**

Dyma'r ferch **fydd yn cystadlu**.
*This is the girl **who will be competing**.*

Mae'r disgyblion **fydd yn canu** yn y cyngerdd yn dda iawn.
*The pupils **who will be singing** in the concert are very good.*

Bydd y disgyblion **fydd ddim yn canu** yn gwrando ar y cyngerdd.
*The pupils **who will not be singing** will be listening to the concert.*

- **fyddai / fyddai ddim = yr amodol**

Mae'r bachgen **fyddai'n hoffi gweithio** yn y banc yn mynd am gyfweliad.
*The boy **who would like to work** in the bank is going for an interview.*

Mae'r disgyblion **fyddai'n hoffi mynd** i'r coleg yn cyfarfod yn y neuadd.
*The pupils **who would like to go** to college are meeting in the hall.*

Roedd e eisiau gweld y disgyblion **fyddai ddim yn mynd** i'r coleg.
*He wanted to see the pupils **who would not be going** to college.*

- **fasai / fasai ddim = yr amodol**

Mae'r bachgen **fasai'n hoffi gweithio** yn y banc yn mynd am gyfweliad.
*The boy **who would like to work** in the bank is going for an interview.*

Mae'r disgyblion **fasai'n hoffi mynd** i'r coleg yn cyfarfod yn y neuadd.
*The pupils **who would like to go** to college are meeting in the hall.*

Roedd e eisiau gweld y disgyblion **fasai ddim yn mynd** i'r coleg.
*He wanted to see the pupils **who would not be going** to college.*

**fydd
fydd ddim**

**fyddai
fyddai ddim**

**fasai
fasai ddim**

■ Yn y brawddegau nesaf, y person neu'r peth ydy **goddrych** (*subject*) y cymal perthynol – maen nhw'n perfformio rhywbeth.

Ble mae'r lleidr a redodd i guddio?

● **a / na (negyddol) + ffurf gryno'r ferf**

Rydych chi'n defnyddio **a** (+ treiglad meddal) gyda'r ffurfiau cryno.

Mae'r bachgen **a redodd** yn y ras wedi brifo ei goes.
*The boy **who ran** in the race has hurt his leg.*

Mae'r disgyblion **a berfformiodd** yn y ddrama yn mynd ar drip.
*The pupils **who performed** in the play are going on a trip.*

Yn y negyddol, rydych chi'n defnyddio **na** (+ treiglad meddal **b, d, g, ll, m, rh** a threiglad llaes **p, t, c**) gyda'r ffurfiau cryno.

Roedd e eisiau gweld y bachgen **na redodd** yn y ras.
*He wanted to see the boy who **didn't run** in the race.*

■ Yn y brawddegau nesaf, y person neu'r peth ydy **gwrthrych** (*object*) y cymal perthynol – mae rhywbeth yn digwydd iddyn nhw.

Pwy oedd y lleidr a lyncodd y llew?

● **a / na (negyddol) + ffurf gryno'r ferf**

Rydych chi'n defnyddio **a** (+ treiglad meddal) gyda'r ffurfiau cryno.

Mae'r esgidiau **a brynodd hi** yn goch.
*The shoes **which she bought** are red.*

Mae'r ffilm **a welodd y plant** yn ddiddorol.
*The film **which the children saw** is interesting.*

Yn y negyddol, rydych chi'n defnyddio **na** (+ treiglad meddal **b, d, g, ll, m, rh** a threiglad llaes **p, t, c**) gyda'r ffurfiau cryno.

Mae'r tŷ **na phrynodd dy rieni** yn well na hwn.
*The house **which your parents did not buy** is better than this one.*

• **amserau eraill – defnyddio ffurfiau arferol 'bod'**

Mae e'n hoffi'r ferch **mae e'n (ei) gweld** yn y rhaglen.
*He likes the girl **who(m) he sees** in the programme.*

Mae'r rhaglen **maen nhw'n (ei) dangos** ar y teledu am naw o'r gloch yn dda iawn.
*The programme **which they show** on the TV at nine o'clock is very good.*

Mae'r dyn **dydyn nhw ddim yn (ei) ddangos** yn y rhaglen yr wythnos yma, yn yr ysbyty.
*The man **who(m) they are not showing** in the programme this week is in hospital.*

Mae'r ddawns **rydyn ni wedi (ei) threfnu** wedi codi llawer o arian.
*The dance **which we have organised** has raised a lot of money.*

Mae'r rhaglen **bydda i'n (ei) gweld** nos yfory yn dda iawn.
*The programme **which I shall be seeing** tomorrow night is very good.*

Bydd y cwrs **baswn i'n hoffi (ei) wneud** yn gorffen ar ôl tair blynedd.
*The course **that I would like to do** will finish in three years.*

ATODIAD

Y treigladau sy yn y llyfr

Mae'r tudalennau nesa yn crynhoi'r treigladau sy yn y llyfr yma.

 tud. 14 os ydych chi eisiau gweld pa lythrennau sy'n treiglo.

The following pages summarise the mutations that are to be found in this book.

 Page 14 if you want to see which letters mutate.

Y treiglad meddal
The soft mutation

ble mae treiglad meddal	tud.	enghraifft
● **y / 'r** Mewn enw benywaidd unigol ar ôl **y / 'r** (ond peidiwch â threiglo **ll** a **rh**).	12	y **f**erch, y **g**ath, y **w**ers Chlywais i mo'r **f**erch. (y llaw, y rhaglen)
● **'n / yn** **yn** + ansoddair (ond peidiwch â threiglo **ll** a **rh**) **yn** + oed **yn** + amser	 65 82 87–8	 yn **dd**a, yn **g**yflym yn llawen Mae e'n **b**edair oed. Mae hi'n **dd**eg o'r gloch.
Berfau: y ffurf gryno ● **Y negyddol**: mewn berfau sy'n dechrau yn **b**, **d**, **g**, **ll**, **m**, **rh**. ● **I ofyn cwestiwn** ● **Gwrthrych y ffurf gryno** (heb **y / yr / y**) ● **ddaru mi / ti** ac ati + berfenw (ond ddim yn y negyddol) ● **wnes i / wnest ti** ac ati + berfenw (ond ddim yn y negyddol)	 31 32 36 38 39	 **W**elais i ddim. **F**wytodd hi ddim. **W**elaist ti? **Dd**awnsiaist ti? Bwyton ni **f**rechdanau i ginio. Brynodd hi **g**ylchgrawn **Dd**aru ni **w**rando. (Ddaru chi ddim gwrando.) Wnest ti **dd**arllen y llyfr (Wnaeth e ddim darllen.)
Berfau: y dyfodol a'r amodol ● **Ffurfiau negyddol** ● **I ofyn cwestiwn**	 41 43 45 42 44 46	 **F**yddan nhw ddim yn dod. **F**aset ti'n dod?
Berfau: dylwn / gallwn / hoffwn ● Yn y berfenw sy'n dilyn (ond ddim yn y negyddol). ● **Ffurfiau'r negyddol**	47 49 48	 Dylwn i **w**eithio. Gallwn i **g**ysgu. (Hoffwn i ddim mynd ar wyliau.) **Dd**ylwn i ddim dod.
Berfau ● **mi** + treiglad **fe** + treiglad ● **Berfau: gwrthrych gorchymynion** Gwrthrych amhendant (heb **y / yr / 'r**) yn dod yn syth ar ôl y ferf.	30 40 43 45 52	 Mi **dd**es i. / Fe **dd**aeth e. Mi **a**llen nhw fynd. / Fe **a**llen nhw fynd. Defnyddiwch **b**ensil. Darllena **l**yfr.

ble mae treiglad meddal	tud.	enghraifft
Ansoddeiriau		
● **yn** + ansoddair (ond peidiwch â threiglo **ll** a **rh**)	65	yn **d**al (yn rhyfedd)
● Mewn ansoddair ar ôl enw benywaidd unigol	65	merch **d**al, cath **f**rown
● Mewn enw sy'n dilyn ansoddair	66	unig **f**erch, hoff **l**yfr cas **r**aglen, hen **dd**yn
● **rhy** / **gweddol** + ansoddair	67	rhy **w**lyb, gweddol **dd**a
● **mor** (*so / as*) + ansoddair (ond peidiwch â threiglo **ll** a **rh**)	68	mor **dd**u â'r fran (mor rhydd ag aderyn)
Rhifau		
● **un** + enw benywaidd unigol	77	un **f**erch, un **w**ers
● ar ôl **dau** a **dwy**	77	dau **f**achgen, dwy **f**erch
cyntaf / **ail** / **trydydd** ac ati	80	
● **cyntaf** ar ôl enw benywaidd unigol (ond dim ar ôl enw gwrywaidd)	80	y wers **g**yntaf (y bachgen cyntaf)
● ar ôl **ail**		yr ail **f**achgen, yr ail **f**erch
● **gydag enwau benywaidd**, mae dau dreiglad meddal.	80	y **d**rydedd **f**erch, y **dd**egfed **b**ennod
Amser		
● ar ôl **'n** / **yn** …	87–8	Mae hi'n **dd**eg o'r gloch.
● ar ôl **am, i, o** … **tan** …	89	am **b**um munud i ddeg o **dd**au o'r gloch tan **d**ri o'r gloch
● Mewn adferf i ddynodi amser.	84	Mae e'n mynd **dd**ydd Sadwrn.
● ar ôl **ar**	84	Bydd e'n mynd ar **dd**ydd Sadwrn.
Ar ôl o		
● ar ôl **o**	100	Maen nhw wedi symud o **G**aerdydd.
● rhif + **o** + enw lluosog	78	un deg wyth o **dd**ynion
● **faint** + **o** + enw	79	faint o **dd**ynion?
● gydag amser	89	o **b**edwar o'r gloch y prynhawn
Ar ôl ar		
● ar ôl **ar**	100	ar **f**wrdd y gegin gwrando ar **g**rynoddisgiau
● gydag amser	84–5	ar **dd**ydd Sadwrn
● **ar** + berfenw (= *about to*)	106	Rydw i ar **f**ynd.

ble mae treiglad meddal	tud.	enghraifft
Ar ôl **am**		
● ar ôl **am**	100	Maen nhw'n siarad am **f**rawd John.
● gydag amser	89	am **dd**eg o'r gloch
Ar ôl **i**		
● ar ôl **i**	100	Maen nhw wedi symud i **G**aerdydd.
● gydag amser	87–8	chwarter i **dd**eg
● mewn berfenw ar ôl		
mae'n rhaid i	107	Mae'n rhaid i fi **f**ynd.
mae angen i		Mae angen i ti **w**eithio.
mae'n bryd i		Mae'n bryd i chi **g**odi.
mae'n hen bryd i		Mae'n hen bryd iddo fe **dd**ysgu.
mae'n well i ac ati		Mae'n well i ni **f**ynd.
● **wrth + i**	108	wrth i fi **g**erdded
Arddodiaid		
● ar ôl:		
am, ar, at, dan, dros, drwy,	100	dan **f**wrdd, drwy **dd**rws,
heb, i, o, wrth, gan, hyd		am **f**is
Gan:		
● ar ôl ffurfiau **gan**	109–12	Mae gen i **f**rawd.
(ond peidiwch â threiglo yn y		Oes gennych chi **g**ath?
negyddol)		(Does gen i ddim brawd.)
● ar ôl:	113	
mae'n dda (gen i)		Mae'n dda gen i **g**yfarfod â chi.
mae'n ddrwg (gennyn ni)		Mae'n ddrwg gennyn ni **g**lywed.
mae'n gas (ganddo fo)		Mae'n gas ganddo fo **g**yrri.
mae'n well (ganddi hi)		Mae'n well ganddi hi **w**ylio'r teledu.
Gyda:		
● ar ôl:	113	
mae'n dda gyda		Mae'n dda gyda fi **g**wrdd â chi.
mae'n ddrwg gyda		Mae'n ddrwg gyda ni **g**lywed.
mae'n flin gyda		Mae'n flin gyda ni **g**lywed hyn.
mae'n gas gyda		Mae'n gas gyda fe **g**yrri.
mae'n well gyda		Mae'n well gyda hi **w**ylio'r teledu.
Ar ôl **trwy**		
● ar ôl **trwy**	100	trwy **d**wll y clo
● trwy + berfenw	108	Mae e'n cadw'n heini trwy **r**edeg bob dydd.

ble mae treiglad meddal	tud.	enghraifft
Rhagenwau		
● ar ôl **dy**	91–4	dy **f**rawd, dy **g**artref Maen nhw'n dy **dd**ilyn di. Cest ti dy **w**eld. Rydw i'n gwybod dy **f**od ti'n mynd.
● ar ôl **ei** (gwr.)	91–4	ei **d**ad, ei **l**yfr Rydw i'n ei **g**aru fe. Cafodd e ei **g**uro. Maen nhw'n meddwl ei **f**od e'n dda.
● ar ôl **i'w** (gwr.)	91	Rydw i'n mynd i'w **d**ŷ ef.
● Mewn cymal perthynol *(= who / whom / that / which)* Yn aml, rydyn ni'n gadael yr **ei** allan, ond mae'r treiglad yn aros.	139	Y bachgen rydw i'n (ei) **w**eld. Y car maen nhw'n (ei) **y**rru. Y ci maen nhw wedi (ei) **b**rynu.
● **Cwestiynau**		
● **pwy? / beth? / faint? / pa fath?** (+ berf + (**ei**) berfenw Yn aml, rydyn ni'n gadael yr ei allan, ond mae'r treiglad yn aros.	58 92	Pwy mae e'n (ei) **w**eld? Beth rwyt ti'n (ei) **f**eddwl? Faint mae e'n (ei) **g**ostio? Pa fath maen nhw'n (ei) **f**wynhau?
Y cymal adferfol		
● ar ôl **pan**	129	Bydda i'n codi pan **f**ydd y larwm yn canu.
Y cymal perthynol		
● ar ôl **a** *(= who / that / which)* (NID **a** = *and*)	136	y dyn a **w**elodd y ferch y ferch a **w**elodd y dyn y bobl a **dd**aeth yn hwyr

Y treiglad trwynol
The nasal mutation

ble mae treiglad trwynol	tud.	enghraifft
Yn ● ar ôl **yn** = *in* (Mae'r **yn** yn gallu newid hefyd.)	102	yn **Nh**reorci y**ng Ngh**aerdydd y**m Mh**orthcawl
Rhagenwau ● **fy** + enw = *my*	91	fy **nh**ad, fy **ngh**i
● **fy** + berfenw	92–3	Mae e'n fy **ngh**aru i. Ces i fy **ng**eni.
● **fy** + bod	123	Maen nhw'n dweud fy **m**od i'n dda.

Y treiglad llaes
The aspirate mutation

ble mae treiglad llaes	tud.	enghraifft
● ar ôl **a** = *and*	13	sglodion a **ph**ysgod te a **ch**offi coffi a **the**
● ar ôl **â**	53 70 103	Peidiwch â **th**eithio ar y trên yna. Mae e mor siaradus â **ph**arot. Rydw i'n mynd i gyfarfod â **ph**ennaeth yr ysgol.
● ar ôl **na**	70	yn henach na **th**aid John yn fwy cyflym na **th**aith ar y trên
Berfau: y ffurf gryno ● **Y negyddol**: mewn berfau sy'n dechrau gyda **p**, **t**, **c**.	31 35	**Th**eithion nhw ddim ar y bws. **Ch**erddodd e ddim i'r parti. **Ph**rofon ni ddim bwyd Indiaidd.
Rhagenwau ● ar ôl **ei** (ben.)	91–4	ei **th**ad, ei **ch**ôt, ei **ph**arot Rydw i'n ei **ch**aru hi. Cafodd hi ei **ch**uro.
● ar ôl **i'w** (ben.)	91	Rydw i'n mynd i'w **th**ŷ hi.
Rhifau ● ar ôl **tri**	77	tri **th**rên tri **ch**ar tri **ph**wdl
● ar ôl **chwe**	77	chwe **th**ŷ chwe **ph**unt chwe **ch**einiog
● ar ôl **tua**	89	tua **th**ri o'r gloch tua **ph**edwar o'r gloch